Il fallait que je vous le dise

나의 임신중지 이야기

나의 임신중지 이야기

초판 1쇄 발행 2020년 11월 5일

지은이 오드 메르미오 | 옮긴이 이민경 | 펴낸이 임경훈 | 편집 정유민
펴낸곳 롤러코스터 | 출판등록 제2019-000296호
주소 서울시 마포구 월드컵북로 400 서울산업진흥원 5층 2호
전화 070-7768-6066 | 팩스 02-6499-6067 | 이메일 book@rcoaster.com

ISBN 979-11-968749-8-8 03300

이 도서의 국립중앙도서관 출판예정도서목록(CIP)은 서지정보유통지원시스템 홈페이지(http://seoji.nl.go.kr)와 국가자료공동목록시스템(http://www.nl.go.kr/kolisnet)에서 이용하실 수 있습니다.(CIP제어번호: CIP2020040127)

롤러코스터
Rollercoaster
Press

진실의
그래픽
003

Il fallait que je vous le dise

나의 임신중지 이야기

오드 메르미오 지음
이민경 옮김

아니, 아니, 네게는 이름이 없어
아니, 네게는 이름이 없어
너는 존재하지 않아
넌 우리의 생각 속에 있을 뿐
아니, 아니, 네게는 이름이 없어

너는 나를 움직여
나는 점점 작아져
본능적으로 네게 저항해
내가 존재한 그 오랜 시간 동안

너를 사랑한 그 오랜 시간 동안
하지만 나는 너를 원하고
이제 너를 거절해
나를 비난할 이들 누굴까

_〈아니, 네게는 이름이 없어〉, 안 실베스트르

서문

8년 전, 나는 임신중지를 결정했다.

그리고 오늘에 이르러 나는 그 이야기를 한다. 나는 차마 이름 부를 수 없는, 임신중지라는 애통한 사건에 관해 이야기하기 위해 이 책을 썼다.

그런데 이 이야기가 단지 임신중지에 대한 것일 뿐일까? 이제 나는 잘 모르겠다….

이 이야기를 다시 읽을수록, 나는 단지 태아만을 위해 이 책을 쓴 것이 아니며 어머니를 위해서, 어머니 아닌 이들—어머니가 되고 싶었거나, 그럴 수 없었거나, 유산을 했거나, 어머니가 되기를 시도하거나, 그러고 싶었거나, 그럴 기회를 놓쳤거나, 원치 않았거나, 후회한— 그리고 그들이 꿈꾸었던 어머니가 아니게 된 이들을 위해서도 쓴 게 아닌가 자문하곤 했다.

이 책은 또한 자신의 몸으로 애통함을 느끼지는 못하지만 나름대로의 고통을 안고 조력하는 남성들을 위해서도 쓰였다. 그들에게도 이 책이 유용하기를 바란다.

나는 틈 사이로 들어가고자 했다. 우리가 충분히 말하지 않는, 아이를 가질 수 있거나 없는 가능성이 안겨다 주는 혼란한 감정. 그것에 가려진 그림자 지대에 대해 말하고자 했다.

그렇다. 책의 주제는 혼란한 장소와 모호하거나 확실한 날것의 감정들 사이에 있다.

나는 그 위에 단어를 올려놓고자 했고 말해질 수 없는 것은 그려내보고자 했다.

오드 메르미오

추천의 글

여성들의 이야기

나는 이야기를 좋아한다. 이야기를 읽고 쓰는 것도, 영화나 드라마, 그림 같은 형태의 이미지로 된 이야기도 좋아한다. 나는 읽을 줄 알게 된 순간부터 계속해서 읽어왔다. 많은 이들이 그렇게 이야기하듯이 나는 이야기의 가치가 주제의 '기발함'보다는(우리는 결국 다 같은 이야기를 한다) 그 이야기가 말해지는 방식에 있다고 생각한다.

나는 '진짜 이야기'를 듣는 데 많은 시간을 보냈다. 치료를 위해서, 혹은 내가 들을 준비가 되어 있기 때문에 여성들이나 남성들이 해준 이야기들 말이다. 이야기들은 개인으로서, 남성으로서, 의사로서 내가 성장하도록 해주었다.

오드 메르미오가 쓰고 그린 이야기는 나를 한층 더 감동하게 했다. 우선 이것이 자신의 이야기이기 때문이다. 그 이야기를 나눔으로써 우리에게 건네준 믿음에 경의를 표한다. 또한 책 속에서 그는 여성들의 이야기를 듣는 남성, 즉 내 이야기를 녹여냈다. 좋은 의미에서 무척 이상한 일이었다. 두렵기도 하고 놀랍기도 했다. 특히 그는 책 속에서 나를 훨씬 젊고 결단력 있는 모습으로 그렸다. 그런 시절이 있었는지 기억나지도 않는 모습으로 말이다. 그러나 그건 올바른 선택이었다. 나는 나를 믿고 마음을 연 여성들의 이야기를 들으면서 몇 년을 보냈다. 그리고 이 이야기를 나눌 때 내가 올바른 일을 했는지, 그들을 배신한 것은 아닌지 자문했다. 이 책에서는 그런 질문을 할 필요가 없다. 섬세하고 재능 있는 여성이 자신에게 잘 맞는 아름다운 방식으로 여성들의 이야기를 그려냈기 때문이다.

이것은 자유에 대한 이야기이자 여성들의 주체적 힘을 돋우는 이야기이며, 길고 깊게, 이야기와 이야기를 가로질러, 분노로, 기쁨으로, 단어로, 이미지로 끊임없이 반복될 이야기이다.

마르탱 뱅클레르

장-루이 트립에게 이 책을 바친다.

그는 들어본 적 없는, 예상치 못하고 예기치 못하고

가늠할 수 없는 방식으로

내 삶에 마법을 걸어주었다.

고마워.

2017년 1월, 몬트리올
Divine
MAISON DE CAFÉ
yog
띠링
오늘 나는 중요한 약속이 있다.
마르탱 뱅클레르, 본명으로 마크 자프란과의 약속이다.
지-익
그는 일반의이자 작가이며, 산부인과에서 일어나는
폭력에 대항하는 데 무척이나 헌신하고 있다.

안녕하세요?
네, 안녕하세요! 얼그레이 한 잔 부탁드려요.
지난여름, 만삭인 내 친구가 우리 집에 온 적이 있다.
다음 날 아침, 나는 내 이야기를 하기로 했다.
나의 임신중지 이야기
초고
나는 이 이야기를 무척이나 자연스럽게 써냈다. 그리 고통스럽지도 않았고 특별한 용기를 필요로 하지도 않았다.
고마워요!
맛있게 드세요.
적절한 시기라고 생각했다.
띠링!
지-익
마크!

내 이야기는 마무리 지은 시점이었지만 의사의 관점이 필요하다고 생각했다.
오드, 안녕하세요!
반가워요.
의사로 살아가는 건 어떤 건지, 임신중지를 하는 이유가 무엇인지, 우리는 의사 대 환자로 서로의 삶을 마주했다.
만나주셔서 감사해요.
저도 감사드려요.
이 카페 와보셨어요?
아뇨.
저는 여길 무척 좋아해요. 커피가 맛있거든요.
몬트리올에는 언제부터 계셨어요?
10년 됐어요!
뭐 드릴까요?
카페라테 큰 거 부탁해요.
어디 보자… 프로젝트에 대해 말씀하고 싶어하셨죠.

네, 선생님께 전화로 말씀드렸던 것처럼요….
혹시… 말을 조금 편하게 해도 괜찮을까요?
그럼요.
네, 저는 임신중지에 대한 만화를 그리고 있어요. 제 수기요.
임신중지 시술을 하고 난 뒤에 쓰신 《여성들의 합창》을 읽었어요. 정말 감동적이었어요.
제가 제 자신을 위해서 더 잘해줄 수 있었던 모든 게 쓰여 있는 것만 같았어요.
어쨌든, 그때는 제가 제 이야기를 할 수 있을지 몰랐어요.
어쩌다 이야기를 하고 싶어졌어요?

더 잘할 수 있었다는 건 의료적인 차원이기도 하지만, 감정적인 소용돌이에 대한 것이기도 했어요.
다른 사람의 수기를 더 읽었더라면 좋았겠다는… 그러니까 제 이야기가 다른 사람에게도 도움이 된다면….
카페라테 나왔습니다.
브라우니 하나 주세요.
하나 더 주세요.
처음부터 말하는 게 좋을 것 같아요.
좋아요.
조금 길 수 있는데 시간 괜찮으세요?
그럼요. 걱정 말아요.
브라우니 나왔습니다!
2011년 브뤼셀에서, 저는 서빙 일을 하고 있었어요.

오드

생맥주 종류가 어떻게 돼요?
음··· 마에, 시네 블론드, 시네 브룬, 진느비르, 하우스 스페셜이 있어요.
BRASSERIE VERSCHUEREN
커피 세 잔, 마에 하나, 아이스티 두 잔이요.
네!
진짜 몸이 안 좋아···. 커피에다 토할 거 같아.
힘내. 10분만 참아.

띠링!
띠링!
크리스토프
어젯밤에 계속 우리 둘 생각을 했어. 근데 몸이 너무 힘들어서 리듬이 회복되질 않아.
그랬어, 자기야?
ACHETE DU PQ
안녕, 아가.
야옹
야옹
야옹
야옹
알았어, 1분만.
후우…

조나단이 떠난 지 한 달이 되었다. 우리는 3년 동안 같이 지냈다. 나는 혼자 잘 견디고 스스로의 시간을 잘 갖는 여성이 되고 싶었다.
말은 좋지. 하지만 관계는 얽혀 있었다.
나는 크리스토프의 책을 읽은 뒤 그를 만나고 싶었다. 그에게 그림을 보여주고 싶다는 건 핑계에 불과했다.
30분 뒤, 그는 떠나야 한다면서 내가 모르는 곳으로 간다고 했다. 나는 그 약속을 취소하면 안 되겠냐 물은 뒤, 양말을 벗고 카펫 위에 앉았다.
우리는 오후 내내, 밤 동안, 다음 날 아침까지 사랑을 나누었다. 서로를 놓아주지 않는 청소년들처럼, 동물처럼, 이내 기진맥진한 몸을 한 노인네들처럼.

그리고 나는 다음 날 새로운 만남에 들떠 행복하게 집을 나섰다.
연애 같은 그렇고 그런 게 아닌 다른 종류의 만남이었다.
차라리 이런 약속에 가까웠다. "이제 너는 내 삶의 일부야. 원할 때면 언제든 우리 집에 와."
야옹!
야옹!
알았어, 일어날게.
자, 맛있게 먹어.
탁
달칵
A. CHEMEL
ANDRÉ NOX - PIERRE NAY
EDDY KIESLER
ELEKTA FILM

그러고 나서 얼마 지나지 않아 몸이 심통을 부렸다. 설명할 수 없는 증상들이었다. 어떤 이들의 목소리를 견딜 수가 없어서 그들을 닥치게 하기 위해 죽여버리고 싶은 마음이 든다거나 하는 식이었다.

양파 타르트를 먹고는 그 맛을 견딜 수가 없어서 계속 깨어 있다가 미친 짓을 했다.

세르주 갱스부르의 노래 〈라 자바네즈La javanaise〉가 머릿속에서 몇 주간 끊임없이 맴돌기도 했다.

그때부터 나는 뤼시와 살았다.
쓱- 싹-
우리는 그맘때쯤 둘 다 실연한 상태여서 마음을 회복할 필요가 있었다. 우리는 서로를 위로하기 위해 조촐한 음식을 만들었다.
당근 다 썰었어. 다른 거 필요해?
음… 양파?
아니!!! 양파는 안 돼!
알았어. 농담이야.
그런데 왜 임신테스트 안 해봐?
알아봐야 하는 거 아냐?
나 루프* 써. 그리고 테스터는 8유로나 한다고.
100퍼센트 피임은 없는 거 알지?
그래. 알아, 알아.
만약 임신이면, 낳을 거야?
돈 없어. 아빠도 없고. 이상적인 상태는 아니지.
그렇긴 해.

* 자궁 내 장착하는 피임기구

오드!
오드!
세 테이블 대기 중이야!
네?
빨리 움직여!
젠장… 사장 앞에서 잠들었어.
카림에게 바꿔줄 수 있냐고 물어봐. 밖에 있어.
카림, 혹시 지금부터 일해줄 수 있어?
물론, 문제없지.
BRASSERIE VERSCHUER
약국
약국

봐봐, 뭐래?
좀 기다려, 아직 오줌도 다 안 쌌어.
지금은?
잠깐 기다려봐! 2분 걸린다고 했…
좆됐다.
뭐? 두 줄이야?
말도 안 돼!
쾅!
하악!
젠장할 말도 안 돼!
0.6퍼센트* 확률이 나한테 왔다고!
제기랄!

* 루프 시술 후 피임 실패 확률

애비가 누군지도 모르는데! 그래, 그래 알아! 피임을 했어야겠지!
근데 나는 망할 루프를 삽입했었다고!
성병은 그렇다 치는데 임신은! 남자들은 대체 뭐 하는 거야?
오드, 난 일하러 가야 될 거 같아.
그리고 피임기구는 뭐야? 파업이라도 하는 거야? 하하하!
이따 봐….
그래, 그래. 이름 지으러 가야겠다!
정말이지…
망할, 나 임신했어.

그리고 나는 엄마에게 전화했다.
오드…. 안 돼. 넌 아직 어리고 임신은 너무 힘들어, 아가. 네 앞에 열린 문이 닫혀버리게 될 거야. 넌 아직 젊어. 시간을 많이 가져야 해.
엄마는 아빠를 바꿔주었다.
네가 우리 의견을 다 받아들이기에는 너무 중요한 문제구나. 어떤 결정을 하든 우린 여기에 있을게.
그러고는 빅에게 전화를 걸었다. 빅은 이전에 두 번 임신중지를 했고 지금 임신 8개월이었다.
한잔할래?

뭐 드릴까요?
버진 모히토 한 잔이요.
저도요.
그래서? 어떻게 할 거야?
몰라… 선택지가 없지.
아니야. 있지. 왜 없어.
아니 없어. 나는 서비스직이고, 모은 돈도 없고, 애아빠도 없어.
이렇게 말하기는 뭐하지만 너한테 선택지는 있어. 그걸 아는 게 중요해. 뭘 하든지 말이야.
정말 너를 위한 선택이어야 해.
그렇게 느껴지지 않는걸.
생각할 만한 시간을 좀 가져봐. 네가 후회하지 않았으면 좋겠어.

아니, 나는 망설이는 게 아니야.
내가 아니라 상황이 결정을
내리는 것만 같아.
임신중지를 하게 될 수
있겠지만…
모르지, 뭐.
그렇지만…
회의를 하기도 하는데
희망을 갖게
되기도 해.
마치 내 삶을
채워줄 것만 같은…
나도 모르겠어.
그래,
일단은 계획 모드로
가자.
산부인과 의사를
찾아줄게.
안녕하세요, 임신중지 상담을
받을 수 있을까 해서요.
제일 빠른 시간이
언제죠? 내일이요?
좋아요.
9시요? 정말
감사합니다.
BRASSERIE DE L'U

내일 8시에 집 앞으로 갈게. 오늘은 이만하면 됐니?
응, 사장한테 전화해서 휴가 내야겠다.
그러고 나서 죽도록 먹어야지.
먹는다. 내가 하고 싶은 건 먹는 일뿐이었다.
롭? 오드예요. 아뇨, 내일 못 나갈 것 같아요.
주문할게요, 레몬타르트 하나랑
에클레어 두 개랑
초코타르트 큰 거요.
오드, 괜찮아? 이걸 다 먹게?
뤽, 안녕. 응, 다 먹을 거야.
그렇구나.
내가 임신했다는 걸 알게 돼서는 아니고…
좆같은 일이기는 하지만.
임신중지를 할 거야. 마음이 슬퍼.
아무튼 이거 다 먹을 거야.
안녕.

왜 나는 그놈한테 이 이야기를 다 한 걸까? 바에 자주 오는 손님이었을 뿐이고 잘 알지도 못하는데.
그릉그릉
마치 어떤 필터도 없는 것만 같았다.
사람들이 불편한 건 알 바가 아니었다.
딸깍
빨리 모든 게 끝나기를
바랄 뿐이었다.

이건 '센서티브'라고 불리는데 원래 학명은 '미모사 푸디카'예요.
봐요, 정말 멋져요!
살짝 건드리면 이렇게 돼요.
봤어요? 잎을 다 닫아버렸죠. 멋지지 않아요?
자, 누가 환자인가요?
저예요.
너는 낳기로 한 거 같아 보이는데? 지금은 너무 늦은 거 아니니?
하하!
아, 미안해요. 서류를 볼 시간이 없었어요.

피임기구를 삽입한 상태죠?
네.
언제부터요?
2년쯤 됐어요.
생리는 언제부터 안 하시나요?
한 달 건너뛴 거 같아요.
진료실에서 기다릴게요. 문밖에 탈의실과 화장실이 있어요.
괜찮아?
더워 죽을 거 같아.
으악, 냄새도 나.
아무튼 다녀올게
걱정 마, 금방 끝나.

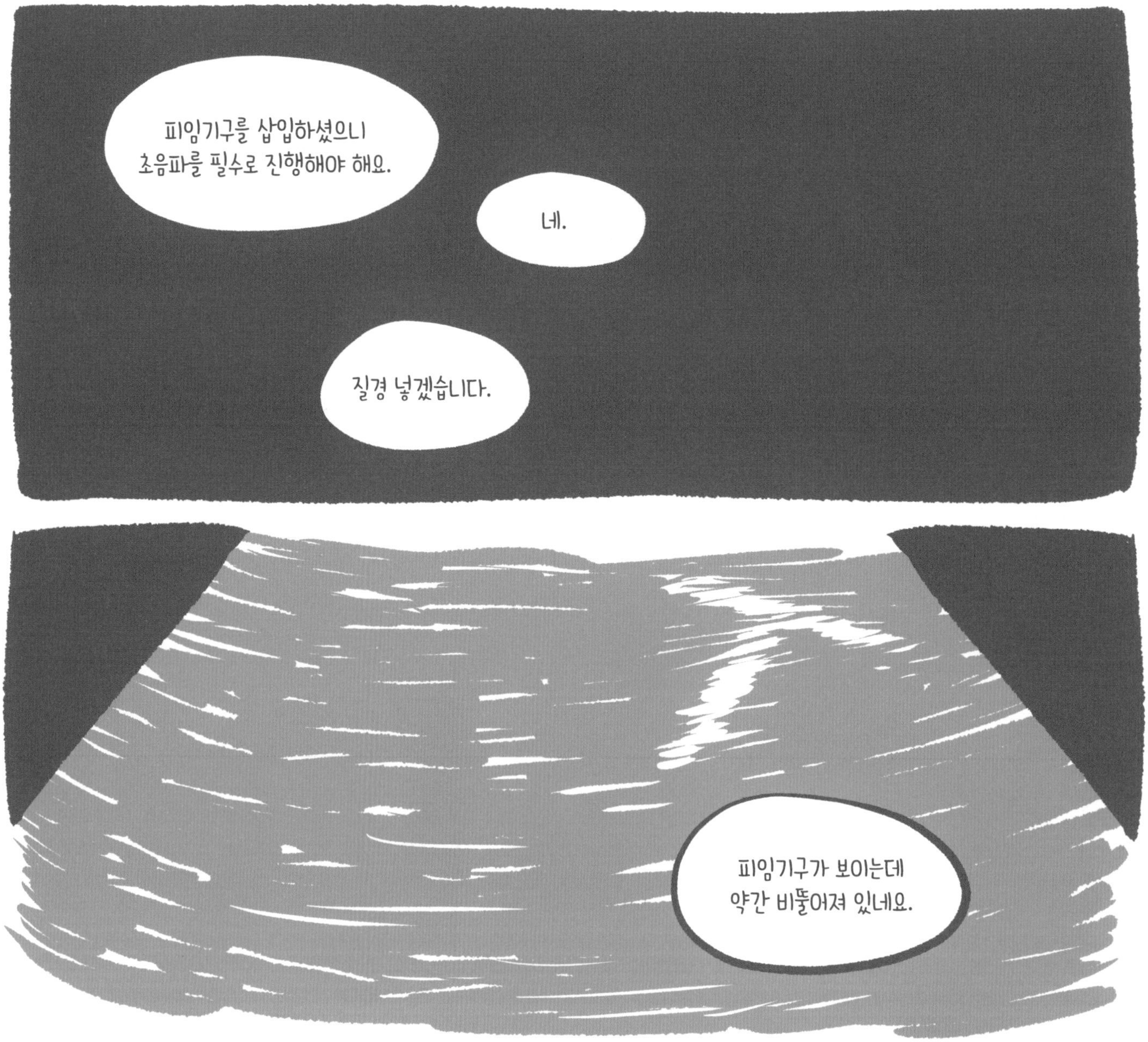
피임기구를 삽입하셨으니 초음파를 필수로 진행해야 해요.
네.
질경 넣겠습니다.
피임기구가 보이는데 약간 비뚤어져 있네요.
저기 보이시죠, 왼쪽에.

자, 진찰하겠습니다.
8주 되셨겠네요.
제가 말씀드릴 수 있는 건 여기까집니다.
팟!

옷 입으시고,
밖에서 뵙겠습니다.
드르륵
보셨죠? 빨리 끝났지요.
임신한 날짜를 추정해 보면…

자…
3월 18일에 관계를 맺으셨나요?
3월 18일 이라…
하아아
네, 맞아요.
어떻게 하실지 이미 결정하셨나요?
네, 임신중지요.

좋아요, 다음 주 목요일이 어떨까요.
네에? 다음 주요?
네, 법적으로 일주일 숙려 기간이 있습니다.
아뇨! 싫어요!
필요 없어요! 난 확신이 있다고요!
보통은 안 되는데… 그렇담 금요일 어떠실까요.
좋아요. 감사합니다.
약 하나 처방해드릴 테니 내원 30분 전에 드세요. 통증을 줄이는 약입니다.
다른 질문 있으신가요?
그렇게 슬프시면 왜 낳는 건 고려하지 않나요?
뭐요?

낳을 수 없고 낳고 싶지 않아서요.
네, 이해합니다. 그럼 금요일에 뵈어요.
너무 걱정 마세요.
수술은 몇 분 안 걸려요.
사진 가질 수 있을까요?
원하신다면요.
감사합니다.

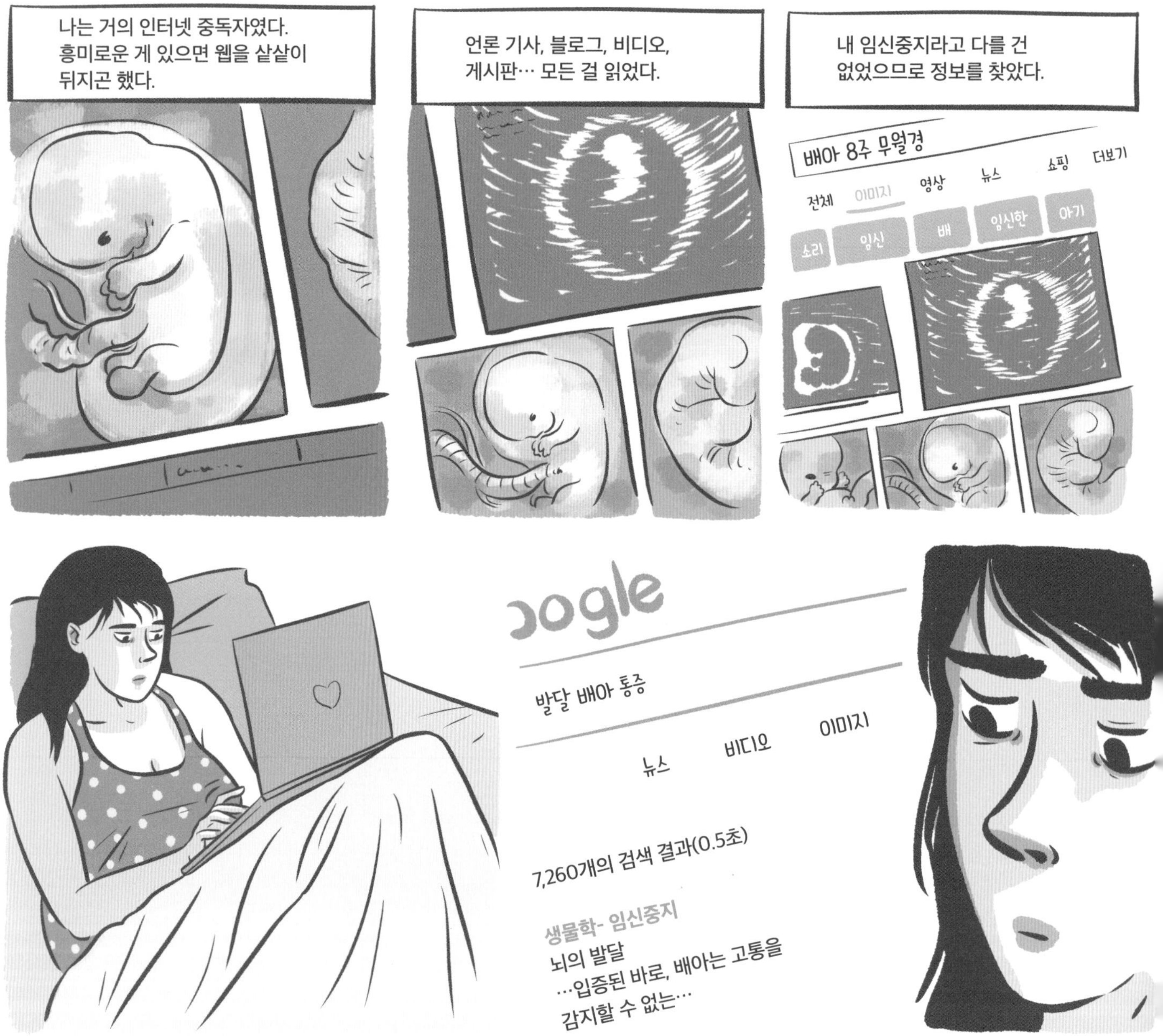
나는 거의 인터넷 중독자였다.
흥미로운 게 있으면 웹을 샅샅이
뒤지곤 했다.
언론 기사, 블로그, 비디오,
게시판… 모든 걸 읽었다.
내 임신중지라고 다를 건
없었으므로 정보를 찾았다.
배아 8주 무월경
전체
이미지
영상
뉴스
쇼핑
더보기
소리
임신
배
임신한
아기
oogle
발달 배아 통증
뉴스
비디오
이미지
7,260개의 검색 결과(0.5초)
생물학- 임신중지
뇌의 발달
…입증된 바로, 배아는 고통을
감지할 수 없는…

고통 감지 발달

거짓: "임신 7주 차부터 배아는 고통을 감지할 수 있다"

수정 후 8주부터 배아는 자극에 반응한다.
18주가 되면 스트레스 호르몬을 감지할 수 있다. 반응 혹은 의식적 지각
(예를 들어 고통의 지각)은 임신 24주 전까지는 불가능하다.
대뇌피질이 그전까지는 발달하지 않는다.

위이잉
위이잉
크리스

여보세요.
응, 괜찮아.
수술은 모레야.
응, 슬퍼.
그래도 번복은
안 해.
말이 돼? 확률이
0.6퍼센트라고!
하지만 네가 같이
있었더라면 좋았을걸.
그래?
이기적으로 말하자면
너도 슬프다면 기분이
나아질 거 같아.
하하하!
시간 낭비하지 않은 건
확실하지.
응, 약간 겁나.
하지만 친구가 같이
가줬어.
그럼! 네 집
구경하고 싶어.
내일? 좋아.
2주간 휴가 냈거든.
뭐? 아냐.
괜찮을 거야.

XTASE
A. CHEMEL
ANDRÉ NOX. PIERRE MAY
ROGOZ EDDY KIESLER
괜찮을 거야.

수술을 기다리는 동안 나는 이상하게도 배 속에
든 그것을 돌보았다. 술도 마시지 않았고, 휴식을
취했다. 릴리스는 배 위에서 골골거렸다.
"임신중지는 엄마가 내릴 수 있는 선택이야."
데지레*라는 내 친구는 몇 년 뒤 이렇게 말했다.

* 데지레는 임신중지에 대한 이야기를 다룬 만화 《선택》의 저자다(알랭 프라피에와 공저).

수술을 앞둔 오후, 나는 〈업〉이라는 애니메이션을 보았다. 초반에 노인이 죽는다. 그의 이름은 엘리다. 엉엉 울면서 공책 위에 기계적으로 그 이름을 적었다.
때로는 '엘리elie', 때로는 '앨리eli'. 산만하게 여러 번 적었다. 나는 분명 다음 날 내 요청으로 내 포궁에서 나갈 배아의 이름을 고르고 있던 중인 것 같다.
KitKat
친구 조아나가 내게 영상통화를 걸었다. 조아나 역시 나를 위로해주려고 했던 거 같다. 위로란 90퍼센트의 확률로 이렇게 끝나곤 했다. "알지, 별거 아니야."
나는 전화를 끊었다.

임신중지한 여자들 많이 봤잖아! 그렇게 심각한 문제 아니야.
그냥 세포일 뿐이야….
알지, 아무 일도 아니야.
호르몬 때문에 슬픈 거야.
그래, 슬프지. 하지만 '진짜 애도'랑은 다른 일이야.
호두 크기 정도밖에 안 된대!
우리 언니 루프는 괜찮던데.
사랑니 빼는 것 정도밖에 안 될거야, 내가 장담해!
그건 진짜 사람이 아니야.
닥쳐!

이런 말을 하는 건 온통 여자들이었다. 그들이 내게 하는 말은 사실 이런 뜻이었다.
"내가 임신을 한다 해도 별일 아니겠지?"
나는 그들을 안심시키고 싶지 않았다. 나는 주변에 남자들과 내 친구 비르지니만 두기로 결정했다.

아버지는 메일로 사진을 보내주기 시작했다.
내용은 없고 '라벤더' '꽃들' 같은 제목만 몇 글자 쓰여 있었다.
'꿈꾸는 네 모습'
'친구들'… 나는 그게 좋았다. 내게 필요한 적절한 것들이었다.
야옹

안녕, 아가.
그르릉 그르릉 그르릉
다음 날이 되면 다 지난 이야기가 될 것이었다.

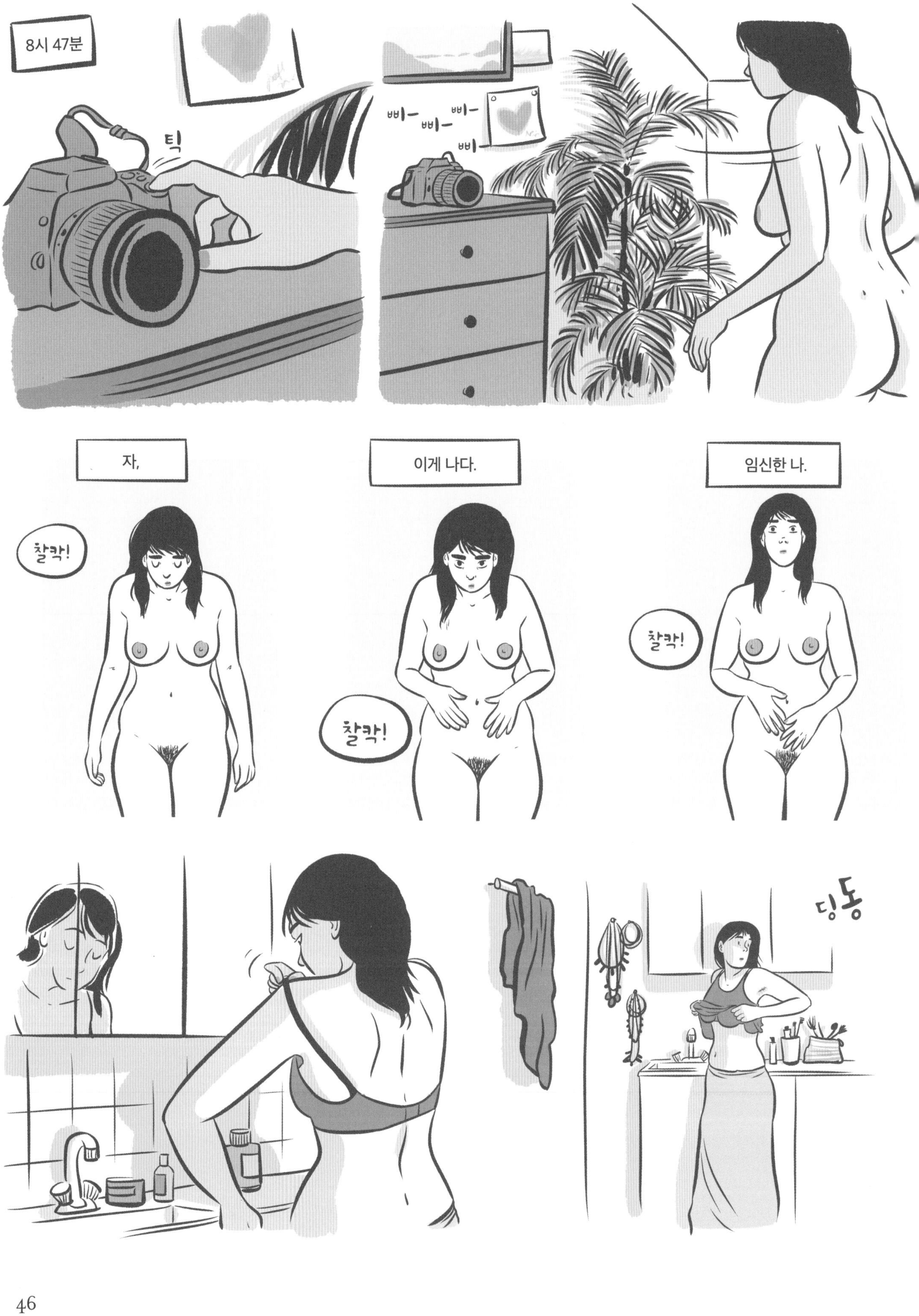

8시 47분
틱
삐—
삐—
삐—
삐—
자,
찰칵!
이게 나다.
찰칵!
임신한 나.
찰칵!
딩동

8시 53분
안녕!
안녕, 벤.
어때?
한 시간 뒤면 괜찮을 거야.
나는 벤이 좋았다. 벤은 이런 엿 같은 상황을 해결하는 데 적격이었다.
먹을 걸 좀 가져왔어. 레몬치킨이야. 두 번 먹을 정도 될 거야.
고마워!
그는 질문을 하거나 인생에 대한 심각한 이야기를 하지 않았다. 그는 꼭 필요한 얘기만 했다.
응, 가자.
준비됐어?
벤은 풀리지 않는 문제를 해결할 수 있는 척하지 않았다. 조용히 먹을 것을 가져올 뿐이었다.
칙 칙

9시 4분
위이이이이이이이이이
이이이이이이이이이이잉
9개월
출산 A to Z
엄마
위이이이이이이이이이이이이이이이이이잉
위이이이이이이이이이이이이이이이이이이이잉
실례해요. 감사합니다.
너한테는 좀 더 작은 걸 썼으면 좋겠네.
하하하! 넌 진짜 바보야.
메르미오 씨?

9시 6분
다 잘될 거예요.
맞아,
잘하고 와.
똑똑
진료실에서 5분 뒤에 뵐게요.
미모사 만져보실래요?
아뇨,
됐어요.
9시 12분
9시 14분
9시 15분
9시 16분
좋아요,
메르미오 씨.

자…
이제 시작해볼까요?
국부 마취제를 투여하겠습니다.
자, 따끔해요.
그리고 미리 말씀드릴 것이…
진행하는 동안
약간의
열감이 느껴질 수 있어요.

'약간의 열감?'
나는 불에 타고 있었다!
하…
하…
하…
목은 바싹 말라가고
현기증이 났다.
좋아요, 준비가
끝났네요.
시작하죠.
위이이잉
위이이이잉
위이이잉
일단 소음이 있었다.

위이이이잉
위이이
이이잉
위이잉
그리고 고통이
찾아왔다.
위이잉
위이잉 위이이잉
위이이잉
위이이잉
위이잉
위이 위이이잉
이잉
위이잉
놀랄 만한 고통이었다.
누군가 배 속으로 들어간다고 해도
믿을 수 있을 정도였다.
위이
이잉
위이잉
위이이잉 위이이잉
절로 허벅지가
오므려졌다.
위이
이잉
위이
이잉
위이이잉
위이이잉
위이이잉
위이이잉
위이이잉
위이이잉
위이이잉
위이이잉
위이이잉
위이이잉
의사가 다시 허벅지를
열어야 했다.
위이이잉
위이이이이이잉
아파…
아파!

위이이잉
괜찮으세요?
아파요.
곧 끝날 겁니다.
곧 끝나요.
위이이잉
위이이이
위이이잉이이이이이잉
위이이잉
모든 게 덜덜 떨렸다.
손, 허벅지, 배….
위이이이
이이잉
위이이이이잉
여전히 아파요.
네, 괜찮아요.
정상이에요.
곧 끝나요.
위이이이이이잉
위이이잉 위이이이
이이잉
위이이이이이잉
아무것도 아니라는
듯이 말하지 좀
마요!!!

위이이이
이
이잉
그러고 나서 소음이 멈췄다.
괜찮은지 확인해볼게요.
위이이잉
좋아요, 잘됐네요.

꿀렁꿀렁
쏴아아
상담실에서
기다릴게요.

9시 27분
방이 여전히 뱅뱅 돌았다.
그리고 나는 화장실에서 격렬하게 설사를 했다. 의사가 기다린다는 생각에 긴장이 됐다.

자, 보셨겠지만 금방 끝났어요.
앞으로 조금 더 지금 같은 상태가 계속될 수 있어요.
일주일 동안 휴식을 취하셔야 합니다.
항염제 처방해 드릴게요.
목말라!
목말라!
마실 거!!!

꿀꺽
꿀꺽
꿀꺽
벤이 만들어준 식사를 다 해치웠다.
쏴아아아
식사는 배 속에서 이부프로펜과 섞였다.
나는 그때 체중에 집착하고 있었다. 스스로에게 질문을 했다.
임신중지를 하고 몇 그램이 줄었을까?
50그램? 100그램?

꿀렁꿀렁

쏴아아

정말이지 무척 간단했다. 흡인기 하나와 피 조금, 그리고 화장실. 그게 다였다.
조나단과 같이 살 때 새끼 고양이가 죽었던 밤이 생각났다. 고양이를 비닐봉투에 담아 쓰레기차에 넣었다. 밤이었고, 간단하고 조용하게 진행됐다.

그날은 낮이었고, 조치는 끝났고, 나는 몇 그램을 덜어냈다. 배는 비었다.

어쨌거나 피를 쏟아내는 소리는 듣지 않았으면 좋았을 것이다.

아휴, 죽겠다!
물 마실래?
응, 고마워.
와… 힘든 보람이 있네!
배고파?
그걸 왜 물어봐! 난 늘 배고파!
치즈 먹을래?
응, 고마워.

드르릉
우리는 3일간 마치 연인인 듯 굴었다.
하지만 사랑을 나누지는 않았다. 몸은 지쳐 있었고, 피를 흘렸고, 무엇보다도 우리 사이에서는 절대 다시 일어날 수 없는 일이라고 생각했다.
삐
삐
삐
삐
삐
그럼에도 나는 나를 사랑해줄 사람을 찾고 있었다.
계속 흘러나오는 피, 죽어버린 리비도, 털 난 다리….
아무것에도, 누군가에게도 욕망을 가지지 않는 이 몸을 사랑해줄 사람이 필요했다.
삐익!
찰칵
찰칵

찰칵
찰칵
찰칵
찰칵
찰칵
찰칵

니 스 빌 역
오드, 몸 잘 챙겨. 곧 통화하자.
정말 고마워, 크리스. 걱정하지 마. 다음 주에 전화할게.
실례합니다. 이 자리 비었나요?
네, 네.
안녕하세요.
안녕하세요.

나는 그가 무슨 말을 하는지도 몰랐다.
그의 어떤 것도 내 흥미를 끌지 못했다.
그러나 나는 그가 말하도록 내버려두었다.
내게 가까워지도록.
나는 비어 있었고 어떤 에너지도 없었다.
유혹은 내가 잘 아는 춤이었고
나는 그리로 자주 도피하곤 했다. 고통스럽게도.
하지만 이번에는 좀 달랐다.
나는 그저 거절하지 않았고 그냥 그를 내버려두었다.

그는 영화감독이었고 우크라이나 사람이었다. 브뤼셀에서 단편영화제에 초대를 받았다고 했다. 우리는 상영회에 갔다가 호텔로 갔다.
나는 마치 기계 같았다. 그곳에 있고 싶지도 않았지만 어디로 가야 하는 줄도 몰랐다.
철컥
이 호텔 좋네요.
깔끔하고…
???
그는 아직 티셔츠를 벗지도 않았다.
이봐요!
퍽!

기다려.
너무 빨라!
안 돼!
뭐야?
화장실 갈래!
빨리 와!
알았어!
탐폰을 빼자 욕실 바닥으로 피가 쏟아졌다.
제기랄!
올 거야?
갈게!

아! 왔구나!
그래. 근데 좀 더 침착하면 안 될까….
알았어. 걱정 마.
웃기다, 털이 있네.
성인 여자니까.
내가 아는 여자들은 안 그런데.
아냐, 봐봐. 웃기다.
잠깐! 천천히 하기로 했잖아.
날 깔아뭉개고 있다고.
네가 힘을 좀 빼봐.
아파!
가슴 보여줘.

됐어! 안 돼!
그만해.
키스만 할래.
?
팍!
그만!
우린 안 맞아.
그만하자!
널 기분 좋게
해주려던 건데.
뭐 하는 거야?
갈 거야!
내 말을 전혀 듣질
않는구나.
날 이렇게 두고 가면
어떡해!
짝!
됐어! 끝났어!
이거 놔!
씨발, 내가 천천히
한다고 했잖아!

난 동의 못 해!
그래, 네게 선택권은 없어 보이네.
그래! 바로 그거야.
?
나한테 설명하기 전에는 못 가!
내가 이런 대접 받아야 할 이유가 뭐야!
나는 2초 동안 얼어 있었다.
효과적으로 대응해야 했다.
좋아. 얘기해줄게.
나는 그가 나가려는 나를 막으려고
완력을 사용했다고 말했다.
그리고 자리에 앉아서 문 앞에 선 그에게 2분을 주겠다고 했다.
2분 뒤에도 내가 나갈 수 없다면
그가 나를 감금한다는 뜻이었고 나는 소리를 질러야 했다.
그는 계속해서 소리를 질렀다.
마치 안 된다는 말을 들은 아이 같았다.
그리고 2분이 지났다.
11:44
그는 움직이지 않았다.

안 돼, 나가지 마!
난 지금 문을 열 거야.
비켜.
쾅
빨리, 빨리, 빨리!
틱 틱 틱 틱
그놈이 문 열면 소리 지른다. 문 열면 소리를 지른다.
틱 틱 틱 틱
띵!

나는 급히 호텔을 찾았다. 기분이 더러웠다.
바보가 된 기분이었다. 이런 거지 같은 일을 겪느라고 가족 식사를 놓쳤다.
똑
똑
새언니가 막 아이를 낳을 참이었다.
또, 내 동생이 첫 아이를 가졌다고 이야기하는 자리였다.
?
나는 모두를 위해 기쁜 척을 해야 했다. 도대체 어떻게? 정말 모르겠다.
곧 끝난다며! 젠장!
철푸덕
문제가 뭔가요?
응급실
10일 전 임신중지를 했는데 계속해서 피가 많이 나네요.
피임을 하지 않았나요?
피임기구를 썼어요.
배우자나 연인 관계인 사람이었나요?
아니요.
콘돔을 쓰는 게 유용하다고 생각하지 않으셨어요?

피임기구를 삽입했으니 임신하지 않을 거로 생각했어요.
그거랑은 상관없죠!
이건 건강 문제예요!
성병의 위험에 대해 다시 말씀해드릴까요?
아뇨, 감사합니다.
파트너가 여럿인 거 같은데 주의를 해야 해요. 알겠어요?
네, 알겠어요. 치료는요?
아, 그거요. 괜찮아요. 큰 문제 아녜요.
그럼 뭘 하면 되죠?
흡인을 한 번 더 하면 될 거예요. 빨리 끝나요.
이쪽으로 오세요.

아이는 완벽했다.
모두가 그 아이를 사랑했다.
모두가 행복했다.
나조차도 슬픔을 잊을 정도로 너무 예뻤다. 그는 내 마음을 앗아갔다.
그리고 새언니의 배를 바라봤다.
새언니도 나와 같은 메슥거림, 나와 같은 증상을 가졌을 것이다. 나는 그가 아이를 낳았다는 게 정말 행복했다. 그러나 그게 나를 덜 불행하게 해주지는 않았다.

내 슬픔을 어디에 두어야 할지 몰랐다.
나는 미소를 지으며 입을 다물고 있었다.
엄마도 마찬가지였다.
고통과 안타까움을 담은 눈빛으로 조용히 나를 바라보았다.
우리는 표현을 많이 하는 사람들이 아니었다.
엄마는 말없이 내가 제일 좋아하는 음식을 만들어줬다.
엄마가 밖에서 꽃을 따다 침대맡에 다발을 만들어줬다.
다행히도 자연과 적막이 있었다.

봄이 찬란했던 것만큼이나 여름은 끔찍하게 시작되었다. 2주간의 휴가가 끝나고 무미건조한 브뤼셀 생활로 돌아와야 했다.
프취이!
프취이!
2주는 괜찮아지기에는 너무 짧은 시간이었지만 변화가 있었다.
잠깐 쉴게요.
네!
고통에 대해서 말을 더 하기는 불가능했다.
그렇게 공포스럽지는 않았다.
나는 일을 하고, 외출을 하고, 웃었다.
그러나 고통은 마음을 한순간에 어둡게 했다.
오드?

레티?
와! 언제 돌아왔어?
일주일 전에.
콜롬비아는 어땠어?
너무 좋았지, 5개월 뒤에 다시 돌아갈 만큼!

레티는 식당에서 제일 오래 일한 직원이었다. 열일곱 살 때부터 일했는데 종종 여행을 간다며 떠나곤 했다.
나는 그리로 돌아가 살 거야. 아마 아예 갈지도 몰라.
레티가 언제 돌아올지 어디로 갈지는 모르겠다. 어쩌면 어디로도 간 적이 없는 것처럼 거리에서 길을 건너는 모습을 마주칠 수도 있다.
사실 그곳에서 한 사람과 사랑에 빠졌어. 사람과 땅… 아직도 그리워.
오드, 넌 괜찮아?
나, 난 잘 모르겠어….
우리는 엄밀히 친구는 아니었고, 말하자면 서로를 좋게 생각하는 동료에 가까웠다. 레티는 사람을 잘 받아주고 평온한 친구였다. 모든 상처를 포용할 수 있는 그런 사람이었다.

내가 눈물을 멈추자, 레티는 콜롬비아에 있는 동안 아메리카 인디언 가족과 함께 아마존에서 살았다는 이야기를 했다.
레티는 약초로 치유하는 법과 마사지하는 법을 배웠다고 했다.
딩동
원한다면 와서 마사지를 받으라고 했다.
네?
오드야!
아, 오드구나.
계단으로 쭉 올라와.

안녕, 오드! 준비 다 끝냈어. 신발은 입구에 벗고 와줄래?
아! 미안해.
괜찮아?
응, 괜찮아.
응!
옷 갈아입고 올게. 바지 입고 담요 덮고 있어.

레티는 조용한 음악을 틀어두었다.
퍼커션과 여성들의 목소리가 들렸다.
난로에서 웅웅거리는 소리가 났다.
레티가 위아래로 흰옷을 입고 내려왔다.
마치 다른 시대에서 온 듯했다.
나는 아무 기대도 하지 않았지만
이미 약간 혼을 빼앗겼다.
그가 내게 무언가 소중한 것을
나눠준다는 느낌을 받았다.
레티가 내 앞에 앉았다.
그리고 손을 내밀었다.

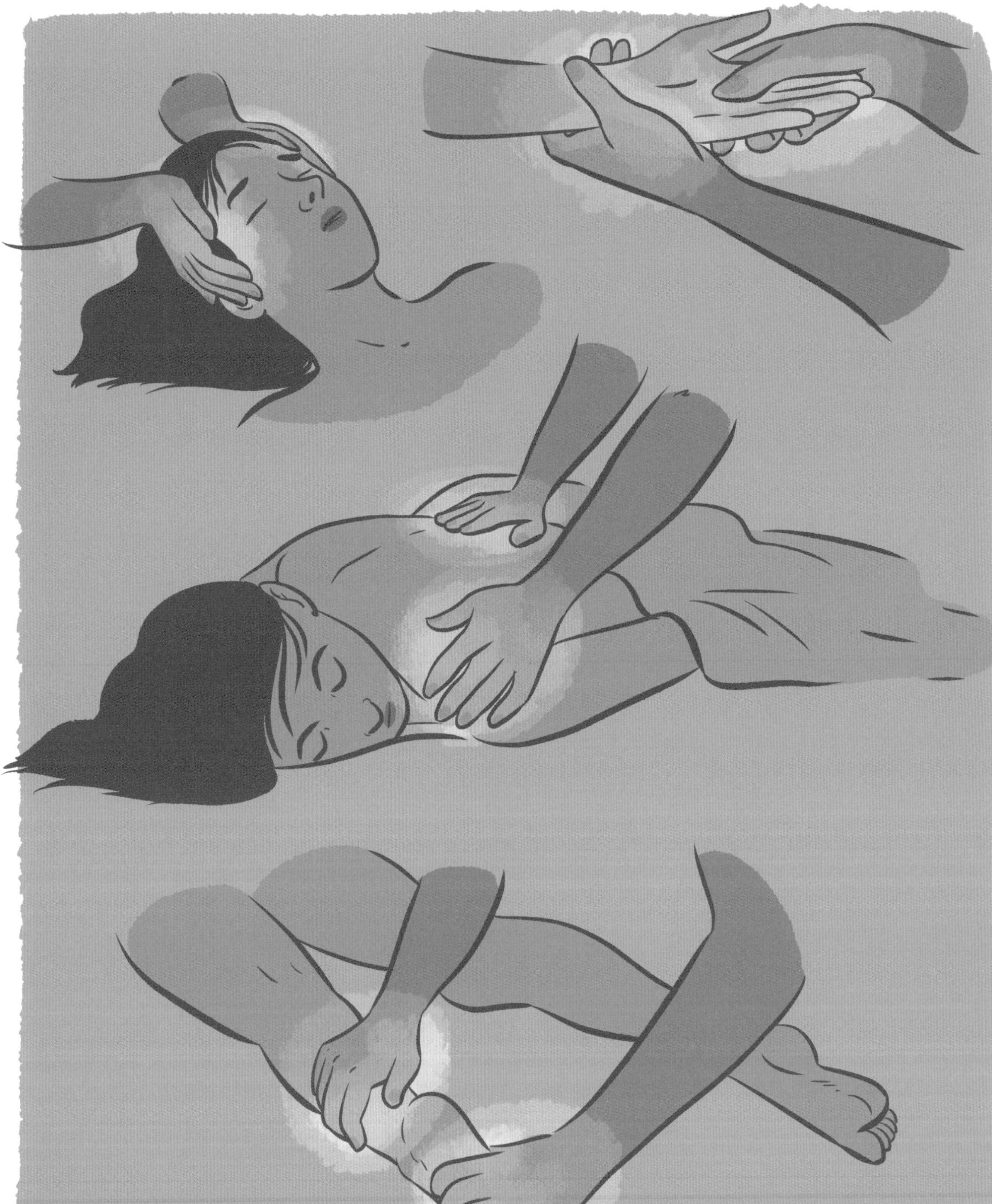

나는 어둠 속에 있었다. 노래하는 여자들의 목소리. 레티의 옷에서 나는 소리.

그는 천천히 옷을 들어 올렸다. 팔, 허벅지, 배… 순서대로 마사지를 하고 옷을 다시 덮어줬다.

나는 매주 그가 내 어깨에 손을 올리자마자 울었다.

첫날은 집으로 돌아가자마자 미친 것처럼 웃어댔다. 왜 그랬는지 모르겠다.

그는 5개월 동안 일주일에 한 번 내게 마사지를 해줬다.

그리고 나의 마녀는 자신의 숲으로 돌아갔다.

레티가 떠나고 이틀 뒤, 출산을 한 비르지니가 아들과 함께 나를 찾아와 상자를 하나 주었다. 그 안에는 세 가지 물건이 들어 있었다. 임신복, 신생아용 양말….
"언젠가 필요할지도 모르니까…."
그리고 마르탱 뱅클레르의 책 《여성들의 합창》이 있었다.

그 책을 읽었어요. 좋은 책이었고,
다 읽고 나서 전화를 드린 거지요.
탁!

Divine
MAISON DE CAFÉ
yog
눈이 오네요.
또 눈이 와요.

나가서 좀 걸을까요?
좋아요!
저벅
저벅
산부인과 전문의는 아니신 거죠?
네, 그냥 일반의예요.
그런데 임신중지 시술을 하는 이유가 뭔가요?
이유가 많지요. 일단 가족적인 이유요.
당시에는 그게 가장 큰 두려움이었어요.
이미 가족 중에서도 임신중지를 한 사람이 있었어요. 엄마가 임신중지를 했고요.

9시-10시
수요일
4월-12월
그리고 아버지도 이유 중 하나였어요. 의사였는데, 암암리에 임신중지를 하던 의사 중 하나였죠.
들으면 아시겠지만, 할 수 있다면 해야 한다는 집에서 자랐어요. 여성들에게 손을 내밀어야 한다.
그리고 제 여자친구들도 있었지요. 그때는 상황이 많이 바뀔 때였어요.
1974년, 망스에서 의학 공부를 할 때였어요. 그때 저는 열아홉 살이었는데 카롤린이라는 여자친구를 사귀었어요.

마크

나는 카롤린을 좋아했고 카롤린도 나를 좋아했다.
카롤린은 나보다 겁이 더 없었다.
그때 카롤린은 내 옆에 앉아 있었다.
우리가 무슨 이야기를 했는지 기억이 잘 나지 않지만,
카롤린이 이렇게 말했었다.
난 피임약을 먹어.

내가 뭐라고 대답했는지는 모르겠다.
너무 멍청해 보이지 않으려고 애썼지만 아마도
자동차 전조등에 비친 토끼 꼴이었을 거다.
하하하

나는 카롤린이 처음이었지만 카롤린은 아니었다.
마르셀 프루스트
잃어버린
시간을 찾아서
그 전해, 카롤린은 엄마에게 피임약을 먹겠다고 말했다고 한다.
카롤린은 열일곱 살이었고, 그때는 보호자의 동의가 필요했다.

나는 그 무렵, 소녀들이 연약하지 않다는 걸 알게 되었다.

하지만 동시에 임신중지가 결코 쉬운 일도 아님을 알았다.
네 번째예요. 선생님.
이번에는 정말 마지막이었으면 하는데….
제때 약을 먹었어요! 주치의가 마치 날 거짓말쟁이처럼 보는데, 진짜 약 먹는 걸 잊지 않았다고요!
엄마가 날 죽일 거예요. 어려운 일도 아니겠지. 난 죽을 거예요.
우리 집에서는 용납이 안 되는 일이에요. 남편은 아마 난리를 칠 거예요.

임신하고 싶었어요. 몇 주 전에 좋아하는 사람과 같이 저녁을 보냈는데… 저는 임신한 게 좋지만 그이는 어떨지….
임신하고 싶지 않았어요. 내가 주의를 해야 했다는데 나는 정말 멍청하게도….
네? 그럴 리가 없어요. 정말이에요?
시기가 좋지 않아요.
아이를 더 갖고 싶지도 않고요.

봤어? 시몬 베유가
보건부 장관이 됐어!
맞아. 드디어
뭔가 움직이려나.
임신중지에 대한
논쟁이 일어날
거야.
그래?
맞아. 벌써 난리야.
하지만 완전히 시행되기엔
조금 이르고.
'프로라이프'*가 고개를 들고 있어.
하지만 믈락**은 다 예견했어.
우리는 거기 있을 거야. 343선언과
331선언***도 있을 테고….
사람들은 이미 준비되었다고
생각해.
크으 프로라이프
오신다….
못 들었겠지?
탁
탁 탁
자자! 조용히!
수다 떨지 말고.
짝
짝

* 낙태에 반대하는 진영
** MLAC(Mouvement pour la Liberté de l'Avortement et de la Contraception), 임신중지와 피임 자유를 위한 운동
*** 임신중지를 한 343명의 여성들과 임신중지를 시술한 331명의 의사들이 각각 연명한 청원

이제부터 회진에 들어간다. 보면 알게 되겠지만 환자들 상태가 좋지 않다.
신중하게 살펴. 특히 5번 환자가 여러분의 관심을 끌게 될 거야.
그는 마치 레몬처럼 온통 노란빛을 띠었다. 눈에는 다크서클이 짙었고, 완전히 정신을 놓은 듯한 분위기였다.
어렵고 위협적인 단어가 나왔다. 패혈증, 황달… 결론은 다음과 같았다. "예후가 좋지 않다."
생존 가능성은 크지 않았다. 전문용어와 심각한 분위기로 무장했지만, 방 안에 있는 환자는 여전히 힘들어 보였다.
그는 우리에게 환자가 무엇을 했는지 말해줬다. 음지에서 임신중지 시술을 받은 것이다. 테이블 위에서 졸속으로 진행되는 그런 일. 그를 보면서 나는 어떤 여성도 이로부터 안전할 수 없다는 걸 알았다.
그들은 원치 않는 임신으로 죽을 수도 있었다. 법은 빠르게 통과되어야 했다.

대통령님, 그리고 여기 모인 여러분. 오늘 제가 의원이 아닌 보건부 장관으로, 그리고 여성으로 이 연단에 선 것은 임신중지 법률에 대한 전면적인 개정을 제안하기 위해서입니다.
MLF
선택 ♀
아이는 내가 원한다면
아이는 내가 원할 때
♀MLF
내 몸은 나의
무척이나 비참한 심정으로 우리가 함께 짊어질 책임의 심각성을 통감하고 문제의 중대함을 인지하면서 이 이야기를 드린다는 사실을 알아주시기 바랍니다.

내 포궁을 둘러싼 정책은
위하지 않는다
여 성
한편으로 오랫동안 고심한 법안을 수호하는 저는 커다란 신념을 갖고 여러분 앞에 섰습니다.

이 법안은 혼란과 불의를 종식시킬 것입니다.
그리고 우리 시대의 가장 어려운 문제인 이 사안에 인도적이고 적절한 해결책을 제시할 것입니다.
자유를

여러분께서는 제게 왜 상황을 나쁘게 만드냐고 할 수도 있습니다. 왜 법을 지키지 않느냐고요.
왜냐하면, 매년 임신중지를 한 30만의 여성들이 있기 때문입니다.
이들은 부도덕하거나 의식이 부족한 것이 아닙니다. 그저 우리가 매일 마주치면서도 그 비탄을 모르는 이웃일 뿐입니다.
저는 무엇보다도 여성으로서의 신념을 나누고 싶었습니다.
좋아서 임신중지를 하는 여성은 없습니다.
P125
F5.6
여성의 목소리를 듣는 것으로도 충분합니다.
찰칵

완벽했어!
드르륵
드르륵
법안, 통과 되다
Roneo
의사의 교정지
N°12
법안, 통과 되다

장-피에르, 프레드, 그리고 다른 친구들과 함께 〈의사의 교정지〉라는 교지를 만들었다.
투쟁에 쓰이는 저널이었고 당연히 불법이었다.

우리는 사회와 교육을 문제 삼았다. 안락사를 옹호하고, 의료용 대마초 전면 무료화를 요구했다. 그러나 무엇보다 피임과 임신중지가 우리의 주된 이야깃거리였다.

우리는 여성에 대한 생각을 바꾸고 싶었다. 여성은 아이를 낳기 위한 존재가 아니라고, 우리는 미래의 의사로서, 여성들이 자유로워야 한다고 말했다. 법이 통과되었지만 어떻게 적용할지는 지켜봐야 했기 때문이었다.

응급실
접수
무엇을 도와드릴까요?
다음 분, 무엇을 도와드릴까요?
시몬 선생님을 뵈러 왔는데요.
시몬 선생님이요?
네.
건물을 나가셔서 가족계획센터를 찾으시면 끝에 있어요.
병원
CHU. LE MANS
접수
?

안녕하세요,
여기서 일하세요?
네, 저는
의사예요.
길을
잃으셨나요?
네, 저는
시몬 선생님을
찾는데 혹시
아시나요?
죄송합니다. 의사들을
다 알지는 못하는데 어느 과에
계신지 말씀해주신다면….
됐어요!
그냥… 제가
알아서 할게요.
고마워요.
저기, 잠시만요!
실수했다면 죄송하지만,
혹시 가족계획센터를 찾으세요?
네.
SAMU CHU
아, 거긴 어딘지
알아요.

음… 오른쪽으로 돌아서
이 건물 안으로 들어가시면
가건물이 나오는데
가족계획 센터
월~목
11시~16시
똑
똑
그 문 앞에 써 있을
거예요.
안녕하세요.
안녕하세요,
부인.
당시 저는 일기를 쓰고 있었어요. 그날 저는 이렇게 썼지요.
올리비에 몽소
Zouki
Zouki
1977년 3월 10일
언젠가 나는 임신중지 시술을
하게 될 것이다.
가족계획
센터 방
들어
쓰고
것이다

말도 안 돼!
매일 우리는 여성 환자를 남성들보다 더 많이 받아. 두 명 중 한 명이 피임을 제대로 할 수 없어서 우리를 찾아와.
그렇다고 우리가 수업을 통해 제대로 배우는 줄 알아? 아니야!
매일 틀에 박힌 이야기만 해. 마치 사람이 다 똑같은 것처럼!
나는 미국에서 1년 동안 공부를 하면서 배운 게 하나 있었다. 바로 직접 정보를 찾는 법이었다.
다행히 영어를 읽을 수 있었기 때문에 혼자서 정보를 찾기 시작했다. 이론서와 리뷰 들을….
가족 계획
피임/임신중지
임신
여성 의료권 투쟁
여성 주기 관리
여성의 몸
피임 연구 및 도입

이론은 그렇게 했고 실제 정보는 여자친구들로부터 얻었다. 교수들이 가르쳐주지 않는 내용을 여성들끼리는 서로 잘 알고 있었다. 그들은 피임을 할 줄 알았다.
나는 도처에서 불의를 목격했다. 유복한 환경의 여성들은 성관계로 인한 잠재적인 결과를 피할 수 있었으나 다른 이들은 그럴 수 없었다.
무엇보다도 왜 이 결과를 걱정하는 건 여성들뿐인가? 왜 남성들은 아무 상관도 없다고 느끼는가? 왜 파니, 코린과 같은 친구들은 사랑을 나누고 난 뒤에 일어날 수 있는 위협에 대해 알게 되고 남성 파트너들은 아무것도 신경 쓰지 않는가?
피임을 확실하게 하는 문제는 차치하고도(여성들은 스스로 피임을 할 때 더 안심했다) 나는 임신중지에 대해 배우면서 조금 쓸모있는 사람이 된 거 같았다.

그리고 1982년, 나는 학위를 받고 개원을 했다.
마크 자프란
일반의
매일 상담
8:30~11:00 - 13:00~15:00
3층
벨을 누르고 들어오세요
나는 매일같이 여성들을 만났다. 다들 피임에 대한 걱정을 많이 안고 있었다. 하루는 그중 한 명이….
생리를 하지 않아요. 정말 임신하기 싫어요.
아이를 낳을 순 없어요. 저 좀 도와주세요.

들롱 부인, 잘 알겠습니다. 보통은 데리 선생님에게 가시지 않나요?
맞아요, 그런데 지금 휴가 중이에요! 기다리고 싶지 않았어요.
네, 이해합니다.
임신 확인을 위해서 일단 채혈을 하시고, 가족계획센터에 편지를 써드릴게요.
죄송한데요, 선생님.
네?
저… 그… 들어내는 건… 어떻게 하는 건가요?
무서워서요.
…
나는 어떻게 답해야 할지 몰랐다. 그건 문제였다.

들롱 부인이 가고 나서, 나는 동료 의사 데리에게 전화를 걸어 환자의 상태를 물었다. 부인은 5년 전 나팔관을 묶었는데도 임신을 한 거라고 했다. 나는 신경이 곤두섰다. 날 놀린 건가? 어쨌거나 부인은 무척이나 겁에 질려 있었다.

그르릉

결국 임신중지가 어떻게 진행되는지 이야기해줄 수 없었기 때문에 달라지는 건 없었다. 이건 고쳐져야 했다.

여보세요, 알린! 마크야. 잘 지내? 시간 괜찮아?
응, 응. 잘 지내. 부탁할 게 하나 있는데….

그르릉
그르릉
그르릉
점심 먹을래? 내가 살게.

알린은 망스에 있는 병원의 가족계획센터에서 일했다. 내 빈 공간을 채워줄 사람이 있다면 바로 알린이었다.

Zoulou Blues
RESTAURANT
Menu
Plat du jour
37F
Formule entrée + plat 48F
Formule plat + dessert 54F
대체 뭐라고 말해야 할지 모르겠더라고. 바보처럼 우뚝 서 있었지 뭐야!
그러고는 뭐… 횡설수설했어.
알지, 우리 다들 그런 일을 겪어.
그런데 그래서는 안 되잖아! 특히 임신중지 같은 중요한 일에!
그래서 널 보러 온 거야.
네가 시술할 때 가서 보면 어떨까? 방해 안 할게. 참관만….
어렵다면 말해줘, 괜찮아.
아냐! 네가 온다면 좋지.
우리도 일반의가 이 과정을 아는 게 좋다고 생각해.

카르네 부인,
끝났습니다.
방으로 모실게요. 저녁 드시고
그 뒤에 봬요. 아시겠죠?
네,
감사합니다.
커피 마시러
갈까?
좋아.
철컥
있지, 나도
부탁할 게 있어.
뽀르륵
뽀르륵
뽀르륵
말해봐.
Chamonix
Chamonix
사실 나
임신했어.
POUR
와, 축하해!
정말 잘됐다.
응, 좋지.
그래서 내가 수술을
오랫동안 못 할 거 같아.
아, 응.
그렇지.

나는 수술을 하고 싶지만 약간씩 불편해지고 있어. 환자들이 그걸 아는 것도 원치 않아.
산드린 델옴 알아?
심장의? 응, 인턴 같이 했어.
산드린이 여기서 임신중지 시술을 해. 산드린이 임신했을 때 모성휴가 직전까지 수술을 했어.
흔치 않은 경우지.
캬레트 부인, 안녕하세요. 저는 델옴입니다. 오늘 환자분 시술을 진행할 거예요.
그래요? 괜찮으세요?
그럼요. 왜요? 혹시 불편하세요?
아뇨, 괜찮아요.
그럼 시작하겠습니다.

내가 대신해달라는 거지?
그래, 솔직하게 말할게!
어떻게 생각해?
Chamonix
그렇게 물어보면….
생각해보라는 거지. 일주일에 반나절 정도야.
하루에 세 건에서 다섯 건, 그리고 상담 여섯 건 정도.
시간 되면 참관하러 와. 만일 네가 한다면 장이 가르쳐줄 거야.
그래, 좋네….
솔직히 그렇게 마음이 동하진 않았다.

시몬 씨,
시작하겠습니다.
걱정 마세요.
금방 끝납니다.
좋아요.
안녕하세요,
선생님.
안녕하세요!
오늘 자프란 선생님과 같이 왔어요. 선생님이 도와주실 거예요. 환자분만 괜찮으시다면요.
시술을 배우고 계셔서 그래요. 거절하셔도 됩니다.
괜찮아요.
배우고 싶은 의사 선생님이 있다니 좋네요.
감사합니다, 부인. 원하시면 곁에 있을게요.
좋아요.

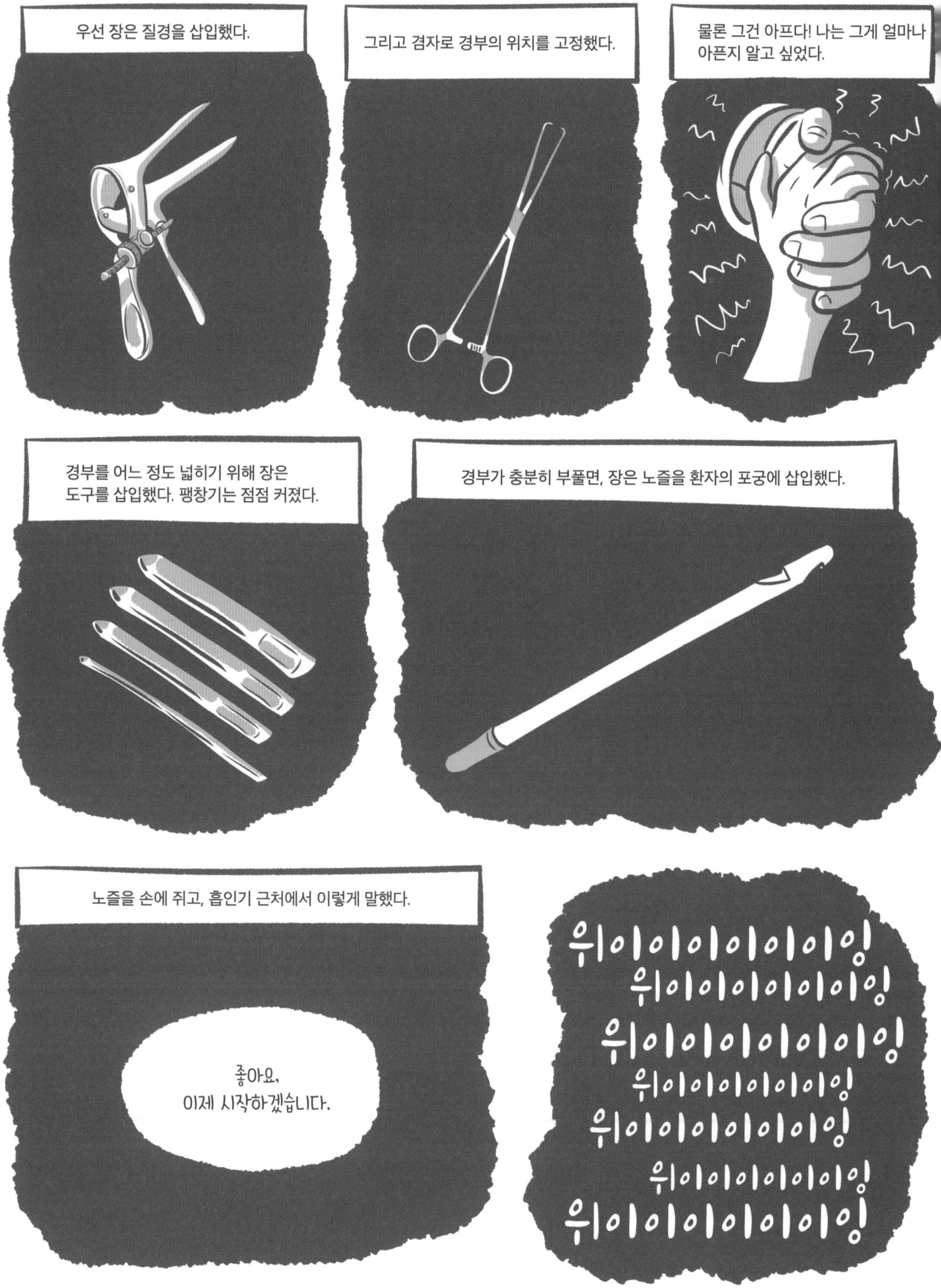
우선 장은 질경을 삽입했다.
그리고 겸자로 경부의 위치를 고정했다.
물론 그건 아프다! 나는 그게 얼마나 아픈지 알고 싶었다.
경부를 어느 정도 넓히기 위해 장은 도구를 삽입했다. 팽창기는 점점 커졌다.
경부가 충분히 부풀면, 장은 노즐을 환자의 포궁에 삽입했다.
노즐을 손에 쥐고, 흡인기 근처에서 이렇게 말했다.
좋아요, 이제 시작하겠습니다.
위이이이이이이이잉
위이이이이이이이잉
위이이이이이이이잉
위이이이이이이이잉
위이이이이이이이잉
위이이이이이이이잉
위이이이이이이이잉

나는 그때 장이 무엇을 하는지 알 수 없었다.
손으로 어떻게 시술을 하고 있는지 몰랐다. 그 상태는 2분에서 3분 정도 지속됐다.
부인은 점점 더 아파했다. 포궁이 수축한다는 뜻이었다. 그렇게 끝났다.
간호조무사가 피가 담긴 흡인 용기를 가져갔다.
내용물을 쏟아부으며 확인한 뒤 이렇게 말했다.
좋아요.
경부를 닦아내자 피가 묻어났다. 벌린 다리를 안으로 모았다.
모두가 같은 방식으로 고통을 느끼지 않았다. 때때로 이들은 꽉 꼬집는 느낌이라거나 생리 때처럼 수축하는 느낌을 호소하기도 했다.
누군가는 울고 누군가는 울지 않았다. 나는 손 잡기를 원하는 이들의 손을 잡고 그들을 지켜보았다.

얼마 뒤, 나는 더 이상 그들의 손을 잡지 않게 되었다.
질경 주세요.
그날 나는 반대편에 앉았다.
처음 수술을 하던 날을 기억한다. 긴장해서 배가 아팠다.
시작하겠습니다.
환자를 아프게 하는 게 두려웠다.
겸자 주세요.
결국은 내가 아프게 할 거라는 걸 알고 있었다.
아…
간호사 이본이 손을 잡고 그를 안심시켰다.
환자분, 잘하고 있어요.

시작하죠.
딸깍
그때야 나는 노즐을 쥔 손이 무엇을 하는지 알 수 있었다. 포궁이 비어 수축할 때까지 흡인기가 돌아가는 노즐을 손에 쥐었다. 손이 알고 있었다.
아악!
끝났어요. 다리 오므리셔도 됩니다.

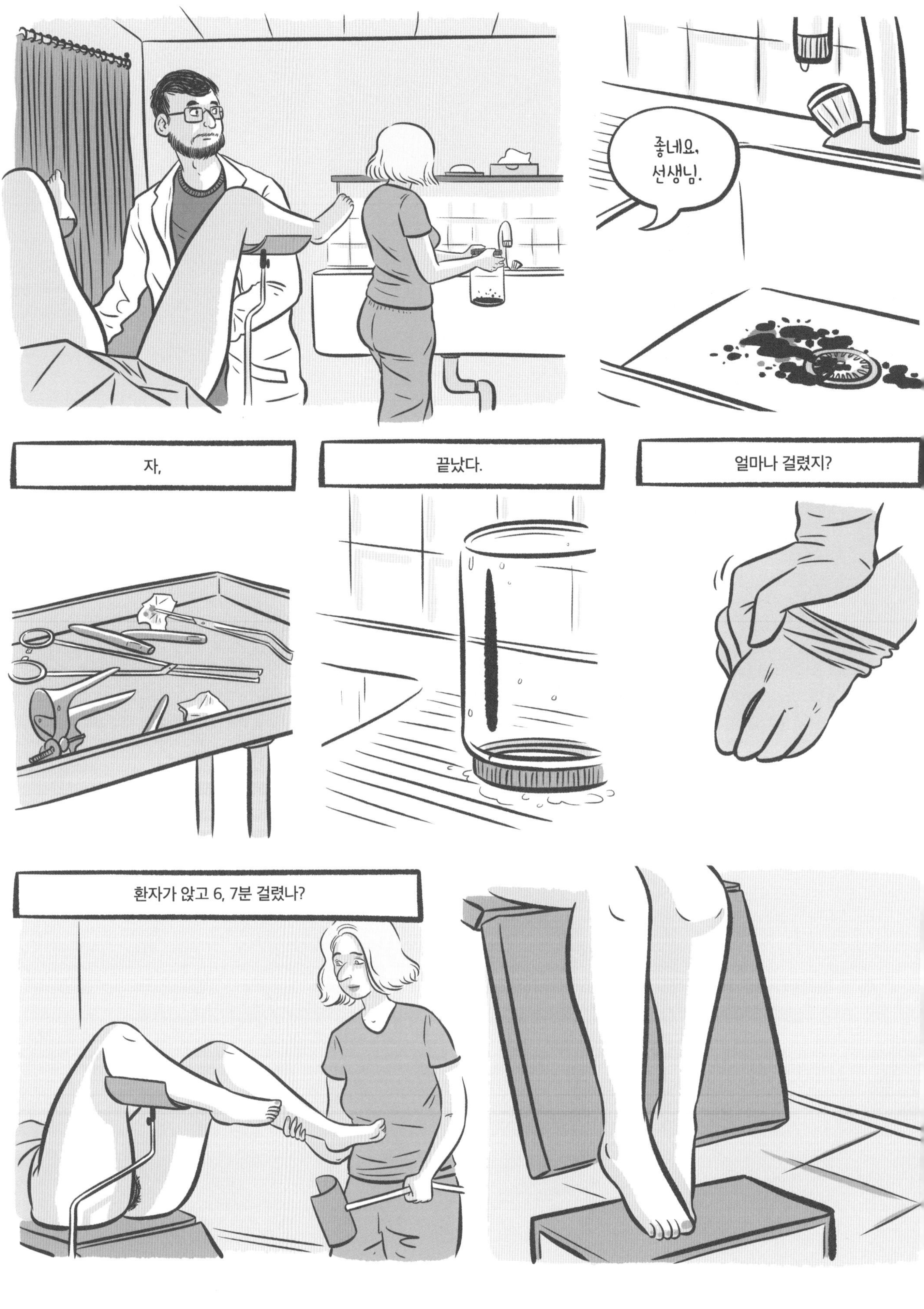
좋네요,
선생님.
자,
끝났다.
얼마나 걸렸지?
환자가 앉고 6, 7분 걸렸나?

부인, 끝났습니다.
쉬셔도 돼요.
감사합니다.

여성들이 아프지 않도록 할 수 있는
모든 걸 해도 여성들은 아파했고
나는 그게 끔찍이 싫었다.
나는 여성들이, 원치 않는 임신을 하지
않기를 바랐고, 수술이 어떻게 진행되는지
설명해주고, 더는 겸자와 노즐로 그들을
아프게 하고 싶지 않았다.
나는 그들에게 무엇을 해야 하고
무엇을 하면 안 되는지, 할 수 있는
일들을 설명했다.

좋아요. 하지만 약을 드신 게 맞아요?
잊지 않으셨어요?
구토는요?
확실해요?
왜 피임기구 삽입을 원치 않으시는지 모르겠네요! 그건 좋은 방법이에요.
저는 권해드리고 싶어요.
5년에서 10년 정도 안전할 수 있어요.
제가 성공률 말씀드렸죠?
온정적 가부장주의라고 설명될 수 있는 행위를 한 셈이지만 어쨌거나….
피임기구가 훨씬 나을 거예요. 원하시면 처방해드릴게요.
오늘 같은 날이 되풀이되지 않는 게 낫지 않겠어요?
똑똑
들어오세요.
그건

간호사 이본이었다!
마크? 방해해서 미안해요. 괜찮은지 보려고요.
끝난 거 같은데, 혹시 궁금한 거 있으세요?
아니요, 감사합니다.
마크, 1분만 시간 내줄래요?
PERSONNEL SEULEMENT
딸깍
그럼요, 대기 환자가 두 명 더 있는데 끝나고 볼까요?
아뇨, 환자 보기 전에 이야기하고 싶어요.
그래요?
걱정 마요, 괜찮아요.

서너 번씩 다시 오는 사람들을 이해할 수가 없어요. 설명을 그렇게 하는데도… 정말 마음에 안 들어요!
선생님은 그들의 삶을 이해 못 해요.
왜요?
이곳을 찾는 여성들과 선생님의 삶에는 아무런 공통점이 없어요.
그들의 걱정, 꿈, 노동조건, 커플 간의 사정… 하나도 몰라요.
petit Brun extra
이야기를 들어야 해요.
이해하고 싶다면 듣고 믿어야 돼요.
그들을 믿고 있어요.
아니요, 그렇지 않아요.

그들을 믿는다면 이해할 수 있을 거예요, 복잡한 문제라는 걸. 그들에게는 피임보다 중요한 일이 많아요.
그리고 그중 일부는 여성이 된다는 게 곧장 임신한다는 것과 같아요.
삶에서 사랑은 거의 없어지기 마련이고요.
안락한 삶을 가지면 이해 못 하는 일이 많아요.
우리나 선생님은… 그들을 판단 없이 맞이하기 위해 있는 거예요.
쉽지 않다는 걸 알지만 우리 일은 그들을 구하거나 교훈을 주기 위한 게 아네요.

걱정 마세요,
시간은 충분하니까.

할 수 있어요.

이본은 마흔다섯 살이었고 나는 서른 살이었다. 이본은 우리가 받는 환자들과 같은 세계에서 왔다.
이본은 나처럼 질문을 3000개씩 하지 않고도 그들을 이해했다.

똑! 똑!

그는 미소로, 따뜻한 시선으로, 선량한 존재감으로 우리를 맞아줬다. 이본과 함께하면 환자들은 수치심을 느끼지도 않았고
고압적인 시선도 느끼지 않았다. 나 역시 그에게 위로받았다. 그는 나를 끌어주었고, 내가 잘 가고 있는지 아닌지 말해주었다.

들어가도 될까요?

이본 덕분에 나는 모두를 구하고 싶다는 욕망에서 빠져나와, 여성에게 말하기를 그만두고 여성들의 질문에 대답했다.

부인, 어떠세요? 따뜻한 차 한 잔 드실래요?
괜찮아요, 선생님.

그는 내게 옳은 길을 알려줬다. 임신중지 한 시간 전에 환자에게 피임에 대해 이야기하자 그가 말했다.
"지금은 좋은 때가 아니에요. 나중에 말해요."
그리고 내 안의 화는 천천히 식었다. 더는 배가 아프지 않았고 에너지를 긍정적인 곳으로 돌렸다. 조금씩, 한 명씩.

배워야 할 건 아직 많이 남아 있었다. 하루는 동료들과 휴식을 취하고 있었다.
가엾기도 하지… 열네 살이랬나?
열다섯 살이야.
걔 엄마는 뭘 하는 건지….
그런데 꼭 열세 살같이 생겼어. 잠옷을 계속 붙들고 있더라고.
검사대에 오르는 것 자체를 힘들어하던데.
심지어 처음이 아니야.
마크는 몰라.
뭐가?
마크! 남자들은 산부인과 검사대에 올라가지 않잖아요. 어떤 일인지 모른다고요.

정말이었다. 나는 이 방에 의사가 아니고서는 올 일이 없었다.
그들의 자리에 앉아봐야 했다.
검사실
우선 그들은 탈의실에서 옷을 벗는다.
좋아.

쨍강
?
쨍강
좌락
좋아!
신발을 벗고 옷을 올려두기 쉽게
의자를 두어야 했다.
탁!
금속성 소음은 환자들을 두렵게 할 수 있기 때문에 관리과에
선반을 부탁해야 했다.
자, 우리
둘만 있네!

흡인 용기와 피를 보지 못하도록 기계 방향을 돌렸다.
하나 더 생각해야겠다.
훨씬 편하다.
팡! 팡!
카야트 부인, 자세히 말씀드릴까요?
네, 좋아요.
나는 그들에게 그림을 그려줬다.
포궁
포궁경부
질
배아
탐침
그리고 주먹을 쥐고 포궁이 어떻게 수축하는지 보여줬다.
보여주기 위해서 도구를 쥐고 다녔다.

그들에게 조언하지 않고 입을 다물었다. 환자가 원하는 만큼 했다.
앞으로 어떻게 진행되는지 말해드릴까요?
아뇨, 감사합니다.
당시에는 금속이었던 질경을 따뜻하게 데워 놀라지 않게 했다.
돈이 들지 않는 사소한 실천은 환자들의 두려움을 덜어줬다. 절차가 한결 간단해지고 빨라졌다.
나는 이본의 손과 미소, 그리고 내 설명으로 환자들이 삶의 다른 일 역시 더 빠르게 해내기를 바랐다.

의사 일을 하는 동시에 나는 내 작업을 전부 적었다.
사적인 일기부터 잡지에 싣는 의학 기사까지 다양하게 썼다.
그러나 소설은 시도하지 않았다. 처음으로 잡지에 싣는 원고에는 가명을 썼다.
마르탱 뱅클레르
마르탱 뱅클레르

당시는 1986년이었고 잡지가 하나 있었다.
클로드 푸자드-르노와 다니엘 짐머만이 발행인으로 있는
〈새로운 뉴스〉라는 잡지였다.
그릉 그릉
그 잡지는 보통 기존 필자들을 섭외하지만 매 호마다
신진 필자의 원고를 하나씩 실었다.
그르릉
그르릉
그르릉
원고를 보냈다.
우 편
우편

존경하는 필자들과 함께 글을 실을 수 있었고
클로드, 다니엘과 소중한 우정을 쌓아나갔다.
그들은 교육자이자 소설가, 신문기자였다.
그들은 내 첫 독자가 되었다.
나는 소설도 쓰고 싶었다.
가족계획센터에서 겪은 일에 대해서 말이다.

쓴다고? 뭘 쓴다는 거야? 넌 프루스트가 아니야.
빨리!
빨리!
따르릉
따르릉
클로드와 다니엘 덕분에 나는 1987년에 첫 소설을 썼다.
쾅!
따르릉
따르릉
여보세요!
감히 출판사에 보내기까지 했다.
네, 자프란입니다.
P.O.L. 출판사였다.
물론 만나 뵐 수 있죠!
마음에 드셨어요? 대단하네요!
네, 네… 다음 주 좋아요. 너무 좋아요.

첫 책이 어땠느냐고? 우리의 삶, 가족계획센터, 두려움, 노력, 의사의 의심….
마르탱 뱅클레르
휴가
장편소설
P.O.L
소설에는 우리가 매일 겪지만 사람들이 알 수 없는 일상의 비극을 담았다.
침묵 속에서 스쳐 지나간 삶들이었다.
나의 여정, 나의 삶, 나의 약속…
그리고 이본에 대해서도 썼다.
이본 라그노
가족계획센터
메종 뇌브 가
72000 르망

아이는
내가 원할 때
낳을 수
있을
때
안내
오!
이본은 내 책의 첫 독자였다. 가명을 썼지만 그는 내가 저자라는 걸 알아챘다.
휴가
이본은 울었다. 자신을 비롯한 간호조무사의 일상이 적혀 있었기 때문이다.
겸허하고 부드럽고 선량한 그의 일이 전부 적혀 있었다.

이본은 책을 읽은 뒤, 나를 믿었다. 이본 역시 젊을 때
임신중지를 한 적이 있었다. 병원 간호사일 때였다.
그는 거의 죽을 뻔했다. 자신이 간호사였기 때문에
다행히 살아났다.

이본은 음지에서 일어나던 끔찍한 임신중지 행위를 겪은
여성들을 도와줬다. 가족계획센터가 문을 열었을 때
그는 가장 먼저 자원했다.

1998년 첫 책이 나온 지 거의 10년 뒤, 같은 출판사에서 두 번째 책이 나왔다.
폭풍서점
마르탱 뱅클레르
작가와의 만남 4월 24일 16시
소설 《샤샤의 병》
피링
그리고 나는 전혀 다른 책을 썼다. '피임법 설명서'였다.
여성의 몸
여성 의학사
그때까지는 피임법에 대한 책이 하나도 없었다.
피임은 의사의 전유물이 아니다.
잡지의 기사는 성관계에 대해서 많은 말들을 하지만 피임에 대해서는 무한한 편견으로 가득 차 있다.
정보는 누가 가지고 있는가?
누가 그것을 쥐고 있는가?
여성지 기자에게 기사를 쓰게 하는 것은 누구인가?
오르가즘 테크닉에 대해 청소년 임신 예방보다 더 많이 말하고 싶어하는 건 누구인가? 누가…

나는 피임약과 피임기구에 대해서도 말했다. '없는 것보다는 낫기' 때문이었다. 하지만 다른 대안에 대해서도 말했다.

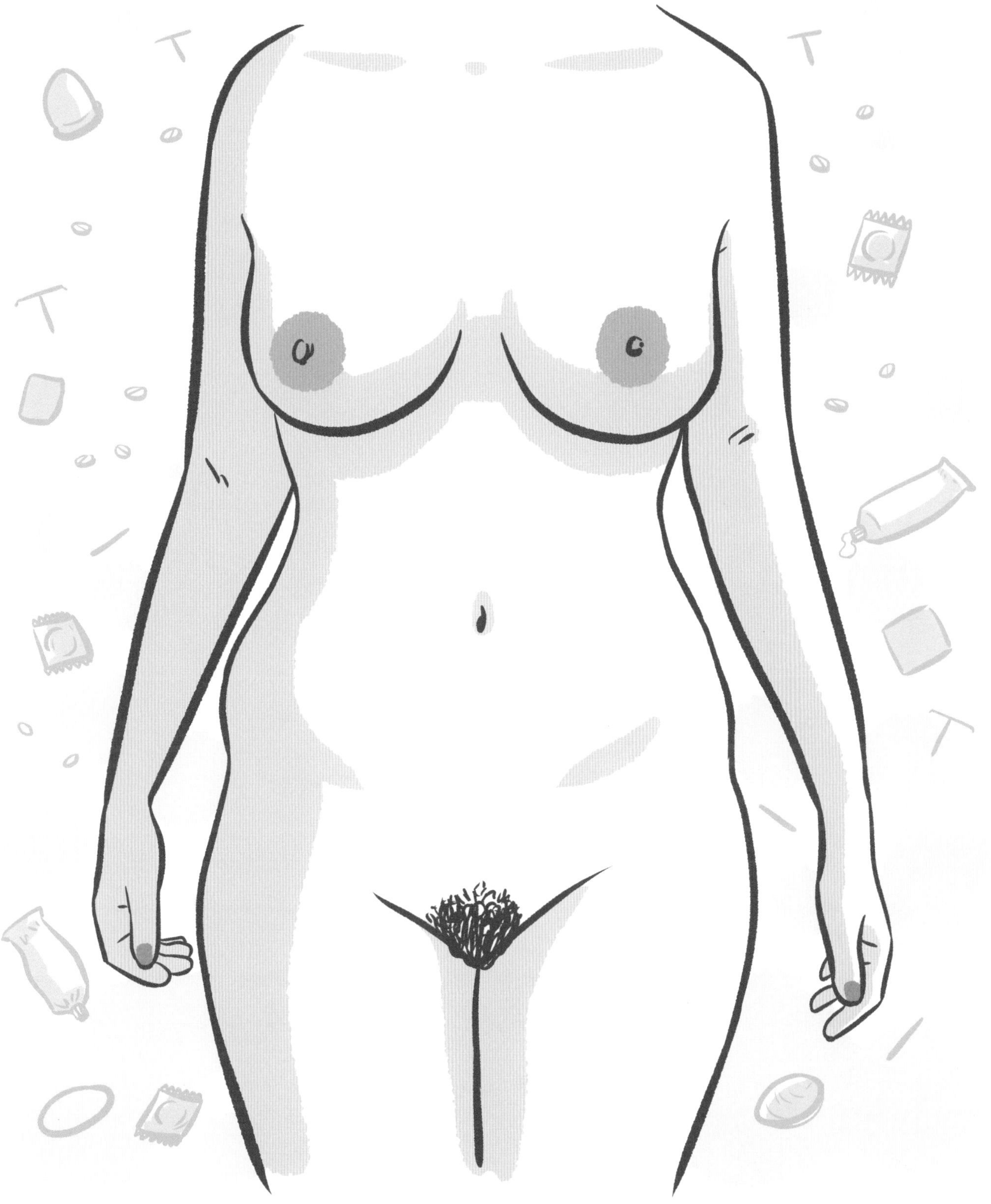

그 책은 일반 독자와 치료사를 위한 것이었다. 내 목표는 여성들이 좋은 정보를 접하게 하는 것이었다.
여성들이 피임법을 고를 수 있어야 했다. 그리고 이 선택에는 판단이 필요 없었다.

2009년, 나는 잠시 새로운 경험을 하고 싶어서 퀘벡에 있는 몬트리올대학교가 주는 연구 장학금을 수락했다.
르망에 있는 가족계획센터를 그만두었다. 의학에서의 윤리적 가치 전수에 대한 연구를 하기 위해서였다.
나는 센터에 여학생들이 없다는 게 아쉬웠다.
센터의 환자들에게 배운 지식들이 사라지는 것 같았다.

에세이를 쓰는 대신 나는 소설을 쓰기로 했다. 잊어버리거나 사라지지 않게 하기 위함이었다.

나는 연구자, 철학자, 과학자 들로 둘러싸인 완벽한 환경에 있었다. 다들 하루 종일 아이디어를 이야기하고 공유했다.

나는 이야기를 썼다.
끊임없이 썼다.
밤에도…
아침에도…
하루에 열다섯 시간…
종일 썼다.
K를 만났다.
그는 '선생님'이라는 용어를 고집했다.
K는 애트우드를 만날 수 있느냐고
물었다.
A→ 애비 쉬토를 참조함

이야기는 내 안에 살고 있었다.
장과 카르마의 이야기. 센터 내에서,
의사에게서, 젊은 인턴 사이에서 일어난
일과 지식을 전하는 이야기.
장은 나였다. 지금보다 더 어린
나이에 나는 모든 것을 안다고
생각했고 내 환자들을 구하고 싶었다.
카르마는 이본이었다. 그 인자한 힘과
태풍 한가운데에서도 굳건히 단단한 나무,
환자들을 보는 눈.
그건 동시에 나이기도 했다. 이본이 나를
만났을 때 내가 되었으면 했던 나였다.
되고 싶은 모습이었다.

그리고 내가 만난 환자들도 있었다. 기억에 강력하게 남아 있는 사람들이었다.
웃고, 울고, 아이가 있고, 자지러지게 웃음을 터트리는…
겁을 먹고, 아이를 원하고, 신경이 거슬리고, 열세 살 정도 되는…
먼 데서 온 사람, "감사합니다"라고 하는 사람, 조용히 하는 사람, 잠옷을 붙드는 사람, 어떤 일이 닥칠지 모르는 사람….

책은 내가 알고, 배우고, 이해한 사람들의 파편으로 이루어져 있었다.
그러나 그건 모험기이기도 했다.
다음을 보기 위해 빠르게 페이지를 넘기는 책.
울고, 소리 지르고, '오!' 하기도 하고
'아!' 하기도 하는 책.

너무 진지한 이야기보다는
비극과 감정을 다루고 싶었다.
올리비에
몽소
여성의 몸
나는 모든 삶이 갖가지 색으로 이루어진
소설이기를 원했다.

나는 내가 아닌 사람들이 겪는 폭력을 이야기하기 위해 책을 썼다.
나는 특권을 가지지 않은 여성들 곁에 섰기 때문에, 그들과 연대한다는 걸 드러내고자 했다.

그리고 유용한 일을 하고 싶었다.

여성들에게 목소리를 주어서 감사합니다.
뱅클레르 선생님, 선생님께 편지를 쓰고 싶었지만 어떻게 시작해야 할지 모르겠네요.
내가 폭력을 당하고 있다는 걸 몰랐어요.
눈물을 흘리면서 책을 덮었습니다. 제 이야기를 읽는 것 같았어요.
두 번째 책을 읽으면서 깊이 감사드린다는 말을 하고 싶었습니다.
저는 일흔두 살이고 음지에서 임신중지를 한 적이 있어요. 손녀의 이름으로 감사드립니다.
이 편지를 읽으실지 모르겠지만 책이 제게 도움이 되었어요.

제 독자들 대부분은 당신과 비슷한 말을 했어요.
그렇군요.

그걸 물어본 거예요.

내 책은 끝을 향해 간다.
마지막으로 내가 하고 싶은 이야기는
이것이었다.
임신중지 이후,
나는 혼자서 산책을 하고 있었다. 멀리서
다른 나무보다도 훨씬 큰 나무를 보았다.
나는 그 아래 앉았다.
다음 날, 다시 그 나무로 갔다.
그리고 나는 피가 담긴 용기를
땅에 묻었다.

유산한 여성들이 나무를 심는다고 한다.
나는 내 나무를 정했고, 이후 1년에 한 번씩
그 큰 나무를 보러 간다.

감사의 말

2011년 내가 시련을 겪는 동안 내 곁에 있어주었던 사람들에게 감사한다.

에드몽, 내 삶에 이렇게나 특별하게 존재해줘서 고마워.
비르지니, 내게《여성들의 합창》을 건네주고 다정히 대해줘서 고마워.
베르트랑, 내 곁에 잘 있어줘서 고마워.
레티, 마술을 부려줘서 고마워.
물론 나의 가족들, 나를 이해하고 때로 이해하지 못해도 내 곁에 있어줘서 고맙습니다.

그리고 최근 내가 이 책을 쓰는 동안 나를 도와준 사람들에게도 감사를 전한다.
실뱅 캬보, 스카이프와 웃음, 그리고 친절함에 감사를.
책 속에 등장해준 멋진 여성들.
내게 빛을 비춰준 바이오단자 그룹에게.
장-루이 트럽에게도 커다란 감사를(이 책이 그에게 바치는 것이니 더 이상의 설명이 필요할까!).
이 이야기를 다뤄준 편집자 크리스틴 캄에게 감사를.
지지와 믿음을 전해준 카스터만 팀에게.

〈아니, 네게는 이름이 없어Non non tu n'as pas de nom〉를 불러준 안 실베스트르. 그 노래는 임신중지에 대해서 직접적으로 쓰지 않은 가장 아름다운 텍스트였다.

마지막으로, 마르탱에게 감사를 전한다. 우리가 처음 차를 마신 뒤로 3년이나 지난 후에 이렇게 감사를 전하네요. 이야기의 중요한 부분을 나눠줘서 고마워요.

옮긴이의 글

《나의 임신중지 이야기》는 무려 8년이라는 오랜 시간 동안 입 열지 못했던 저자의 임신중지 경험을 다룬 그래픽노블이다. 처음 이 책을 번역할 때까지만 해도 나는 저자가 지긋지긋해하며 묘사한 친구에 가까웠다. "그건 호두만 한 크기래." 같은 대사로만 등장하고 얼굴도 그려지지 않은 친구.

한국에서 2019년 4월 낙태죄 헌법불합치 판결이 나기까지 임신중지 합법화 운동을 벌이면서, 나는 임신중지를 둘러싼 죄책감을 신화로 치부하고 그 무게에 대항해야 한다고 믿었다. 대항하는 한 방편으로 임신중지 경험을 한 당사자들이 느끼는 감정 역시 사회화된 결과라 이야기하며 개입해왔다. 게다가 비슷한 시기 한국에서는 임신중지 합법화 운동과 맞물려 임신을 누구에게나 언제나 발생할 수 있는 불가항력적인 사건쯤으로 바라보는 관점을 폐기하는 흐름이 일어나고 있었다. 임신중지 합법화를 촉구하고 낙인화에 저항하는 과정에서 '100퍼센트 피임 가능한 수단이란 없다'라는 말은 여성이 상시적인 임신 가능성에 시달린다는 말로 번역되곤 했다. 여기서 재생산력을 가진 여성이 임신을 하기 위해서는 남성과의 섹스라는 사건이 선행한다는 전제는 종종 누락되었다. 임신이 불가항력적이거나 상시적인 가능성을 가지지 않는다는 말은 이 전제의 누락을 드러내 보이는 흐름이었다. 임신중지를 경험하는 과정에서 태아에게 느끼는 애통함이라는 감정이 신화라며 저항하고, 임신의 가능성이 상시적이지 않아야 한다는 방향으로 정치를 해나가는 나는 저자에게 좋은 친구가 될 자신이 영 없었다.

시간이 흘러 교정에 참여하면서 다시 원고를 받아든 나는 레티에게 이입하게 되었다. 임신중지는 그저 불운으로 받아들일 일이 아니라거나, 잠자코 연민을 공유하는 데서 그쳐서는 안 된다거나, 태아중심적 애통함을 느끼는 건 모성신화 때문이라는 식의 복잡한 당위들 대신 임신중지라는 결정을 내리고 그 과정을 통과해 지나가는 몸에 친구의 손바닥이 닿으면서

퍼뜨리는 온기와 빛에 집중했다. 임신중지에 대해서 저항해야 한다는 나의 믿음이 달라지지 않았음에도, 필요한 자에게 필요한 위로를 하는 두 손바닥이 먼저 눈에 들어왔으니 성장이라면 성장일 것이다.

오드 메르미오의 만화를 여러 번 읽으며 번역자로서 임신중지에 대한 나의 정치적 지향과 온전히 합치되는 서사만 옮길 수 없다는 당연한 사실을 다시 한 번 받아들였다. 그뿐만 아니라 그러한 서사만 발화되어야 한다는 생각에도 변화가 일었다. 여성의 경험이 가장 정치적인 서사를 통해서만 발화되어야 한다는 강박은 낙인화된 경험을 통과하는 이들을 숨게 하기 때문이다. 원고를 세상으로 내보내기 직전에 이르러서야 주인공 오드가 자신의 이야기를 가둬두었던 8년이라는 세월을 생각해본다.

아마 나는 앞으로도 어떤 여성들이 힘겹게 만들어낸 개인적인 서사에 그 힘겨움을 모르는 듯이 적극적으로 개입할 수도 있고, 그 과정에서 그들과 썩 반갑지 않은 친구 사이가 될지도 모른다. 만화를 그리는 친구를 둔다면 한켠에 지긋지긋하게 묘사될지도 모른다. 다만 그런 전쟁을 계속하면서도 기꺼이 집 안에 초대해 고통을 안은 몸을 살피며 마사지를 해주는 친구가 되고 싶다는 생각을 한다. 경험을 꺼내기까지의 그 긴 세월을 함께 곱씹을 수 있는 사람이 되고 싶다. 그러니 오랜 시간을 지나 빛을 본 이 이야기가 부디 더 많은 이들에게 전해질 수 있었으면 좋겠다. 저자의 이야기가 임신중지에 대한 부당한 낙인으로 몸과 마음을 앓았던 이들이 발화를 시작할 통로가 되어주기를 바란다.

_ 이민경

알라딘 독자 북펀드 참여해주신 분들

강석주
고다연
고시현
고은아
곽선영
구미연
구본철
권다예
권도은
김경란
김경실
김경은
김교신
김나혜
김민주
김병선
김보미
김서룡
김선정
김선희
김세원
김소라
김소연(2)
김수연(2)
김승룡
김승은
김승진
김시형
김여옥
김연희
김유나
김유현(2)
김윤지
김은주
김일신
김재현
김종훈
김지슬
김지은
김진규
김진주
김태석(2)
김하언
김현조
김현지
김형석
김혜진
김효린
김희경
김희영
나서연
남기남
남진상
노영주
노혜지
도영민
도진호
류은주
류하진
문예솔
박고운나
박기태(2)
박명규
박세중
박솔희
박수민
박승두
박영숙
박윤수
박은서
박은지
박재원
박정진
박주영
박지애
박채란
박해인
박혜원
박혜정
박효선
방지현
백우정
백주희
변정현
변지예
변혜선
서다은
서명지
서지은
손미경
손소전
손예현
송나현
송도현
송세현
송예진
송형자
신정호
신하영
심경보
안뜰에봄
안선홍
안하영
양다영
양민정
양은지
양지혜
양현경
여원기
오상엽
오성희
오세경
오채영
오현빈
유병준
유하나
유희은
윤달수
윤영주
이경숙
이다영
이동은
이서진
이수정
이수지
이신혜
이여진
이연경
이연수
이영우
이유나
이윤주
이은혜
이일규
이재영
이정민
이정현
이지수
이지연
이진영
이하나
이하연
이현정
이형우
이희진
임아승
임정복
임지은
임지혜
임하은
임현경
임효은
장소리
정길용
정남기
정다운
정다혜
정민경
정민주
정석주
정선경
정선미
정소연
정소영
정수현
정아름
정예영
정유미
정유진
정진호
정혜영
정혜윰
조명윤
조선희
조소은
조우림
조유나
조혜진
채선화
채영지
최나영
최도원
최미지
최수빈
최양우
최영심
최윤서
최정희
최주희
최지수
최지원
최지인
최지혜
최진화
최한솔
최혜선
최희정
한상미
현리나
홍민경
홍영선
홍지우
황소희
황윤경
황인화
황정현
황호경

* 이름을 밝히지 않은 분들을 포함하여 모두 235분의 독자께서 참여해주셨습니다. 깊은 감사를 드립니다.